한국인만 모르는 일본과 중국

32년간 한국과 중국을 지켜본
일본 외교관의 쓴소리

한국인만 모르는 일본과 중국

미치가미 히사시 지음 | 윤현희 옮김

중앙books

한·일 간 대화의 실마리를 제공해주는
귀중한 통로

미치가미 히사시 공사를 처음 만난 것은 그가 주한 일본대사관의 공보문화 담당 공사(공보문화원장)로 부임한 2011년 가을이었다. 당시 나는 한·일 양국 정부의 합의로 구성된 한일·일한문화교류회의의 한국 측 사무국장을 맡고 있던 관계로 미치가미 공사에게 관련 행사에 대한 협조와 자문을 구하는 가운데 자연스럽게 친분을 쌓을 수 있었다.

미치가미 공사, 그는 자타가 공인하는 일본 외무성의 한국통이다. 도쿄대 법학부를 졸업한 초엘리트 외교관인 그가 왜 굳이 한국을 선택해 외교관 생활을 시작했으며, 서울대에서 석사과정을 밟았을까? 이 사실 하나만으로 호기심을 자극하기에 충분하다.

30여 년의 외교관 생활 가운데 한국에만 세 차례에 걸쳐 8년간 근무한 그에게 한국은 제2의 고향과 같다. 그만큼 그는 이웃인 한국에 남다른 관심을 가지고 있으며, 어떤 면에서 한국인보다 한국을 더 깊이 이해하고 있다. 일본 외무성에는 이 같은 한국 전문가가 존재한다는 사실을, 한·일의 이해관계를 떠나 인식해둘 필요가 있다.

그런데 그런 그가 이번에 《한국인만 모르는 일본과 중국》이라는 제목에, '32년간 한국과 중국을 지켜본 일본 외교관의 쓴소리'라는 다소 도발적인 부제를 붙여 책을 냈다. 누구보다도 한국을 이해하고 있다는 일본 외교관의 '쓴소리'라니!

요컨대 그는 한국인이 일본을 제대로 알지 못하고 있다고 한다. 그리고 한국의 국익을 위해서는 일본을 제대로 이해할 필요가 있다고 피력한다. 그런데 이 책을 읽다 보면 한국인이 오해하고 있는 나라는 일본만이 아니다. 중국에 대한 시각도 마찬가지다.

1980년에 일본을 직접 방문한 이래, 36년간 일본을 관찰하고 있는 나의 체험으로는 일본처럼 이해하기 힘든 나라가 없다. 하물며 중국은 어떤가. 가 볼 때마다 도무지 알 수가 없는 나라다. 이것이 나의 진솔한 고백이다. 하지만 우리 주변을 돌아보면 중국을 한두 번 다녀온 후 곧바로 중국 전문가로 돌변한 사람, 일본에 일주일만 머무르면 일본문화론을 쓸 수 있다고 생각하는 사람들이 도처에 널려 있지 않은가.

그렇다면 이웃나라를 바라보는 한국인의 시각은 무엇이 문제인가. 왜 이웃나라를 제대로 이해해야 하며, 이를 위해 어떻게 해야 하는가. 이 같은 물음에 이 책은 30년간의 외교 경험에서 터득한 방법론을 제시한다.

특히 이 책에서 반복되어 등장하는 역사 인식에 대한 언급, 즉 '민족의 기억'과 '역사'는 구별되어야 하며, '민족의 히스토리를 극복하는 것이 역사'라는 지적은 우리가 한 번쯤 깊이 음미해 볼 필요가 있는 대목이다. 전체적으로, 저자가 기술한 '쓴소리'의 행간에는 상대방을 배려하는 '절제된 안타까움'이 배어 있다는 점에서, 우리는 이 '쓴소리'를 '충언'으로 받아들여야 할 것으로 생각된다. 나아가 한국인의 소중한 친구로서 '쓴소리'를 마다않는 미치가미 공사의 네 번째 한국 부임이 하루속히 이루어지길 기대해 본다.

이강민(한양대 일본학국제비교연구소 소장)

귀에 거슬려도 들어볼 만한
일본 외교관의 고언(苦言)

미치가미 히사시 공사는 참 특이한 외교관이다. 두 가지 의미에서 그렇다. 하나는 자기의 속내를 잘 드러내지 않는 일본인이 한국사람 못지 않게 솔직하다는 점에서, 또 하나는 상대국에 좋은 말만 가려서 하는 것을 업으로 하는 직업 외교관과 전혀 달리 상대국에 대해 쓴 소리를 마다하지 않는 남다른 애정을 지녔다는 점에서 그렇다. 이번에 내는《한국인만 모르는 일본과 중국》이라는 책에도 그의 이런 성격이 고스란히 드러나 있다. 아마 그런 사정을 잘 모르는 독자들은 이 책을 읽으면서 필시 큰 당혹감과 불쾌감을 느낄 것이다.

나는 이 책을 읽으면서 두 가지 생각이 언뜻 떠올랐다. 먼저 책의 제목을 보자마자, 항간에 '회자되는 한국 사람만 모르는 세 가지'라는 우스갯소리가 생각났다. 한국 사람들은 자기 나라가 세계에서 얼마나 잘 사는 나라인지, 한반도가 얼마나 위험한 지역인지, 일본이 얼마나 강한 나라인지를 모른다는 것이다. 요지는 한국 사람들이 너무 자기가 보고 싶은 것만 주관적으로 보는 나머지 세상의 객관적인 현실을 잘 파악하지 못한다는 것인데 미치가미 공사가 지적하고 싶은 것이 바로 이것이라고 생각한다.

또 하나 든 생각은 '좋은 약은 병에 좋으나 입에 쓰고, 충언은 귀에 거슬리나 행동에 이롭다'는 옛말이다. 사실 미치가미 공사의 말은 내가 봐도 과한 부분이 있는 게 사실이다. 한국의 일본에 관한 지식 수준이 1980년대나 90년대보다 지금이 떨어지고 언론의 보도 태도도 나빠졌다고 하는 부분이 있는데 일본 문제에 대해 나름대로 천착해온 나의 입장에서 볼 때 동의하기 어렵다. 하지만 부분적인 사실에 동의할 수 없다고 해도 한국 사람들이 사실보다는 분위기, 즉 '공기'에 지배를 잘 받고, 민족주의 성향에 휩싸이는 성향이 강하다는 지적은 뼈아프게 받아들여야 한다고 본다. 나의 문제점을 스스로 알아서 수정하는 것에 비해 남의 지적을 받고서야 알아채고 고쳐야 한다는 것은 매우 자존심 상하는 일이다. 하지만 내가 나를 보는 것보다 제3자가 나를 보는 눈이 더욱 정확하고 도움이 된다는 것은 바둑을 두면서도 알 수 있는 생활의 지혜가 아닌가.

내가 미치가미 공사를 만나 교제를 한 지도 20년 가까이 된 것 같다. 그동안 그를 만나 여러 얘기를 하면서 동의할 수 없는 부분도 많았지만 격의 없는 대화를 나눌 수 있어서 좋았다. 미치가미 공사의 이번 책은 그런 대화의 폭을 더 넓히려는 의도에서 나왔다고 본다. 이 책을 읽으면서 서로 다른 관점과 시각을 교환하며 상호 발전해 나가는 것, 그것이 점점 좁아지는 세계화 시대를 사는 우리들이 가져야 할 태도임을 다시 한 번 느꼈다.

오태규(한겨레신문 논설위원실장)

울타리 속 한국, 세상 물정에 까막눈인가

30년 전 유럽 열차에서 일본인을 만났다. 배낭여행을 하던 여학생이었다. 그녀가 물었다. "한국은 중국말을 쓰나요?"

무시당한 기분이었다. 생각해 보면 이상하다. 그 전에 만난 유럽 사람들도 비슷한 질문을 했다. 1980년대 중반, 한국은 세상에 알려진 나라가 아니었다. 유럽인들에겐 별 감정 없이 한국을 설명했다. 그런데 왜 유독 일본인에게 화가 났을까.

이웃이기 때문이라고 생각한다. 일본인과 중국인은 외국인이다. 하지만 지리적 이웃이다. 싫어도 결별할 수 없다. 서로의 변화가 서로에게 영향을 미친다. 나쁜 변화일수록 파괴력이 크다. 지금까지 그랬고 영원히 그럴 것이다. DNA가 비슷하니까 친해야 하는 게 아니라 자신의 안전을 위해 관리해야 한다. 관리는 상대를 제대로 아는 데서 출발한다. 그 바탕에서 이해하고, 때론 참아야 한다. 미치가미 히사시 씨는 묻는다. 한국은 얼마나 일본과 중국을 아느냐고.

미치가미 씨는 80년대 중반 외교관으로 첫 번째 한국 근무를 했다. 내가 그 여학생을 만날 즈음이다. 일본의 대중은 한국을 몰랐다. 하지만 엘리트는 이해가 깊었다. 한국 엘리트 역시 일본에 깊은 지식과 체험을 가지고 있었다. 그래서 절제와 인내가 가능했다. 그가 두 번째 한국 근무를 할 때 나는 일본 유학 중이었다. 그때 한·일 엘리트는 서로 양보하면서 미래의 초석을 만들었다. 그 초석이 21세기 일본의 한류 열풍으로 폭발했다고 생각한다. 2005년 6월 일본 특파원으로 부임했을 때 나는 전혀 다른 일본을 봤다. 도쿄 전철의 옆자리에 앉은 여성이 한국어 교재를 들고 있었다. 극적인 변화였다.

우리는 이때 관리했어야 했다. 일본이 아니라 우리 자신을. 일본을 연구하고 진심을 받아들이고 이해했다면 좋았을 것이다. 그런데 우리는 반대로 가지 않았나. 우리 중심으로만 생각하지 않았나. 그러다 세상 모르는 까막눈이 되지 않았나. 인내와 절제 대신 일본은 막 대해도 된다는 사고를 갖지 않았나. 미치가미 씨가 세 번째 한국에 온 건 그렇게 우리가 거칠어질 때였다. 그는 이런 변화를 '퇴화'라고 했다. 그리고 일본과 중국 눈에 비친 한국의 퇴화를 이 책에서 가감 없이 말한다.

미치가미 씨는 상냥하지 않다. 직선적이다. 타고난 오사카인이다. 친절한 일본인이 익숙한 사람들은 그의 어법이 목에 걸릴 것이다. 하지만 그는 솔직하다. 무엇보다 한국을 위해서 말한다. 이것이 이 글의 가치다. 작은 말꼬투리를 잡아 전체를 부정하면 우리는 자기 성찰의 소중한 기회를 또 한 번 잃게 될지 모른다.

선우정(조선일보 논설위원)

한국의 미래를 위한 제언

한국의 독자 여러분과 만나게 되어 반갑습니다. 이 책에 실린 제언들이 부족하나마 여러분의 현명한 판단에 조금이라도 기여할 수 있기를 바랍니다. 여러모로 잘 부탁드립니다.

내가 처음 한국에서 생활하게 된 것은 1984년이었다. 한국이라는 아주 중요한 이웃나라와 일생의 연을 맺었으니 나로서는 큰 행운이었다. 또한 나는 일본 외무성 최초로 한국과 중국 양국에서 공사를 지냈다. 이런 인연에 감사하는 마음으로 조금이라도 한국의 발전에 도움이 되고자, 한국·중국·일본 세 나라에서 보고 듣고 느낀 바를 바탕으로 이 책을 썼다.

'한국은 멋진 나라'라고 칭찬을 늘어놓기는 쉽다. 하지만 그런 칭찬은 큰 의미가 없다고 생각한다. 그래서 나는 오히려 반대 방향에서 솔직하게 썼다.

급속하게 성장·발전하는, 소위 '잘나가는' 시기의 나라는 위험하다. 현재의 시스템과 분위기에 편승하기 때문이다. 문제의식이나 본질적인 반성은 뒷전인 채 독선이나 오만에 빠지기 쉽다. 80년대 말의 일본, 그리고 근래의 한국이 그 예가 아닌가 싶다.

이 책의 중요한 키워드는 '공기(空氣)'와 '중국'이다.

우선, 한국에서 사람들의 행동을 다스리는 것은 법률이나 규칙이 아닌 국민 정서나 분위기, 즉 '공기'라는 점이다. 사실 그런 경향은 어느 나라에나 있다. 이성적으로는 고개를 갸웃거리면서도 분위기나 눈치를 살피고, 자신도 모르게 이상한 판단을 내린다. 과거의 일본도 그랬다. 급속하게 발전하는 나라일수록 이렇듯 '공기'에 전염되기 쉽다. 일시적으로는 그런대로 넘어갈 수 있을지 모르지만, 나중에는 심각한 문제로 번질 수 있다. 거듭되는 규칙 위반이 때때로 큰 사고를 불러오듯 말이다.

한국이 '공기'에 휩쓸리지 않고 인접국인 중국과 일본을 충분히 이해하는가 못하는가의 여부는 한국의 국익과 미래를 좌우한다. 하지만 지금의 한국은 냉정히 말해 일본은 물론 중국도 제대로 파악하지 못하고 있는 것 같다. 경제발전과 정치 민주화, 국제화의 진행으로 "예전의 한국과는 다르다. 시야가 넓어졌고 균형 감각을 잘 유지하고 있다"라고 생각하기 쉬운 것도 '덫'이다.

착각해서는 안 된다. 인터넷의 발달로 세계를, 특히 이웃나라를 더 잘 이해하게 된 것은 아니다. 오히려 30년 전에 비해 더 편향되고 그럴 듯해 보일 뿐인 잘못된 이해가 판을 치고 있다. 정보화 시대라 불리는 오늘날에도 이웃나라에 대한 근본적인 오해를 통감하게 된다. 한·중·일 세 나라에서 근무한 나의 견문을 바탕으로 몇 가지 사례를 들어보겠다.

- 중국에서 열린 한·일 스포츠 경기에서 일본보다 한국 쪽에 야유가 더 많았다.
- 중국의 당 기관지에는 도를 넘은 민족주의에 대한 자기비판이나 중국 측의 일본관에 문제가 있다는 내용의 논설이 심심찮게 올라온다.
- 중국의 한 여론조사에서 '중·일 관계가 원만치 않은 것은 자국(중국)의 민족주의와 반일 감정 때문'이라는 답이 20퍼센트를 넘어섰다.
- 제2차 세계대전 후의 일본은 민족이나 안보, 국익조차 금기시하

는 분위기가 지배적인 사회였고, 자국을 지키는 자위대를 부정적
으로 말하는 목소리도 높았다.

- 국제사회의 상식으로는 '역사'와 '민족의 기억'은 긴장 관계에 있
고, 단순한 민족의 기억을 극복한 곳에 올바른 역사가 있다. 하지
만 한국에는 이런 인식이 부족하다.

- 일본의 한국 이해가 한국의 일본 이해를 넘어선 측면이 있다.

- 일본의 양심파와 시민파, 한류 팬들도 한국에 대한 실망과 불만이
높아졌다. 한·일 간의 마찰을 무엇이든 '일본의 우경화' 탓으로
돌리는 경향이 지배적이다.

세월호 참사가 일어났을 때 나는 서울에 있었다. 사고가 일어난 지
며칠 후, "서울 지하철에서는 오늘 아침도 여전히 사람들이 문에 끼여
있었어요. 세월호 사건이 일어난 원인 그 자체라고 할 수 있죠. 한국은
그런 사고를 겪고도 달라지는 게 없어요"라고 갈파하는 사람을 보았
다. 당시 내가 정말 신기하면서도 이상했던 것은 대다수 사람이 누군
가를 비난만 할 뿐, 시스템을 새로 고쳐보려는 자세가 보이지 않는다
는 점이었다.

그러나 실은 이런 안전 문제보다 인접국에 대한 인식 차이가 훨씬

더 심각할지 모른다. 속으로는 '이건 아닌 것 같은데…' 하면서도, 사실과는 다른 이미지가 하나 둘씩 쌓이다 보면 이것이 자기도 모르게 이웃나라에 대한 '고정관념' 혹은 '무력감'으로 굳어져 한국의 외교·안보에 영향을 미치게 된다.

안타깝게도, 한국은 중국의 장단점에 대해서도 제대로 파악하지 못하는 듯하다. 중국을 두고 '고속 성장을 이루면서 무서울 것 없는 대단한 파워를 보이고 있기는 하지만, 조잡하고 수준이 낮은'이라는 틀에 박힌 이해가 많다. 과연 그럴까? 그렇지 않은 중국을 직시할 필요가 있다. 거기에 한국이 중국에 대해 영향력을 발휘할 수 있는 열쇠도 있다.

최근 3~4년 사이 많은 일본인들이 한국에 실망하고 분개하고 있다. 한류에 빠져 있던 여성, 문화 교류를 추진해 오던 비영리 민간단체(NPO)나 시민들도 말이다. 일본의 한국관도 완벽하지는 않지만, 그렇다고 일본이 어리석기만 한 집단은 아니다. 일본이 왜 그렇게 보는가에 대해 찬성하지 않더라도 이해는 해두는 것이 좋다고 생각한다. 일본을 위해서가 아니라 한국의 국익을 위해서 말이다.

'공기'와 '중국'이라는 두 요소는 한국의 일본관을 규명하는 중요한 단서가 된다. 실상과 어긋난 중국관과 일본관은 한국 외교에 차츰 해를 끼치고 있다.

나는 1984년부터 2014년까지 30년간 세 차례에 걸쳐 한국에서 사는 기회를 얻었다. 한 나라에 10년 정도 간격을 두고 살아보면 변화가 한결 뚜렷하게 보인다. 그 관찰이 한국의 이웃 이해와 외교에 도움이 된다면 이보다 더 기쁜 일은 없을 것이다. 끝으로, 그동안 친분을 갖고 보살펴 주신 한국의 많은 분들께 지면을 빌려 진심으로 감사드린다.

2016년 두바이에서

미치가미 히사시

※ 본서의 내용은 어디까지나 개인의 의견으로 일본 정부의 입장을 대변하는 것은 아니다. 또한 외교 실무의 논점보다 논의의 바탕에 있는 한국 사회의 심리에 보다 초점을 두었다.

차례

가까운 나라일수록
어려운 상호 이해

내가 바라본
한국의 일본관·중국관

현대 한국의
정치·사회 심리 분석

4장 중국에 대한 고찰

5장 이웃나라 이해와 한국 외교

가까운
나라일수록
어려운
상호 이해

인터넷은 편리하지만 검증되지 않은 정보, 무책임한 소문이나 비방, 중상의 내용도 많다는 것은 이미 잘 알려진 사실이다. 외국의 정보에 대해서도 마찬가지, 아니 오히려 더 심하다. '정보의 발달로 세계 동향이 실시간으로 속속 전송되는 21세기에 한·중·일은 이웃나라에 대한 기초 지식조차 제대로 갖추지 못하고 있다'는 사실을 서울과 베이징에서 문화홍보 업무를 담당하면서 절감했다. 우리는 알아야만 한다. 인접국일수록 서로가 부정적인 편견에 빠지기 쉽다는 것을.

반면 청소년 교류나 문화 교류에서 상대국 사람들과의 직접적인 만남을 통해 단편적인 선입관이 변화하는 과정을 한·일, 중·일 간의 교류 현장에서 직접 체험했다. 이런 사실도 독자들이 알았으면 좋겠다.

제1장에서는 이러한 양방향에 대한 논지를, 한국과 중국에서 나 자신이 체험한 사례를 바탕으로 전개해보려 한다. 아울러 교류란, 그리고 상호 이해란 누구를 위해서 해야 하는가에 대해서도 논의해 보고자 한다.

이웃나라에
문화가 있다는 것도 모르는가?

　나는 한국과 중국에서 10년을 살았다. 서울과 베이징의 일본대사관에서 근무했다. 외교관 간의 교섭이나 협의도 많았지만 미디어, 대학생, 시민단체, 연구자, 재계 및 문화계 인사, 그리고 초·중·고등학생 등과의 만남이 훨씬 많았다. 그런 만남은 내게 유익한 경험이었고, 그들을 통해 신문이나 TV에서는 찾아보기 힘든 내일에의 희망을 엿볼 수 있었다.

　하지만 그와 동시에 '정보가 이렇게 발달된 오늘날이지만 이웃나라 사이의 이해는 더 어려워진 시대가 되었다'는 생각이 점점 커졌다. 컴퓨터의 발달로 지구촌 정보가 삽시간에 퍼지는 정보화 시대라지만 부정확하고 무책임하며 단편적이고 부정적인 정보가 대량 생산되어 사람들의 머릿속에 자리 잡았다. 특히 이웃한 나라일수록 그렇게 되기 쉽다. 그런 탓인지 근래 들어 이웃나라 간 상호 이해의 기반이 오히려 취약해진 느낌이다. '다른 나라에 대해 잘 아는 시대가 되었다'라고 착각해서는 안 된다.

나는 평소 '가까운 나라일수록 상호 이해는 더 어렵다'고 느껴왔고 한·중·일 3국 외교에서 특히 그 점을 강조해 왔다. 만일 우리 동북아시아 사람이 겉모습부터 다른 먼 나라, 예를 들어 브라질이나 케냐 사람을 상대한다면 처음부터 문화나 사고방식에 차이가 있다고 인지하기 때문에 의견이 맞지 않아도 화를 내는 일은 거의 없을 것이다. 그러나 한·중·일처럼 인접국의 경우는 사소한 의견 차이에도 상대에게 크게 실망하고 마음 상하는 일이 종종 있다. 나는 비즈니스나 학생 교류는 물론 정치인이나 정부 간 협의에서도 이런 사례를 많이 목격했다.

다음은 오랜 옛날부터 교류가 있어온 한·중·일 3국에 관해 내가 직접 들은 이야기다. 한·중·일 3국이 실상 서로를 어떻게 파악하고 있는지를 알려주는 상징적인 사례일 것이다.

● 베이징 주재 한국대사관 문화원장에게 들은 이야기다. "여기 중국에서는 K팝이나 TV 드라마는 꽤 인기가 있지만, 한국의 전통문화는 좀처럼 한국 문화로 인정해 주지 않아요. 치마저고리 같은 민족의상이나 전통 춤은 중국의 지방 문화나 아류 문화 정도로 보는 거죠."

● 서울의 일본문화원을 처음 방문한 한국 여성이 말하기를 "일본에 이렇게 훌륭한 문화가 있는 줄은 미처 몰랐어요. 무척 마음에 드네요.

다음에는 아이랑 함께 와야겠어요."

● 이 두 이야기를 도쿄에 있는 한국문화원장에게 했더니 이런 말이 돌아왔다. "일본에서도 마찬가지랍니다. 한국문화원을 둘러보고는 한국에도 이렇게 훌륭한 문화가 있는 줄은 몰랐다는 사람들이 있어요."

대사관의 문화원을 방문할 정도라면 대부분 그 나라에 호의를 가진 사람일 텐데, 그런데도 실상은 이렇다. 정보의 글로벌 시대라는 21세기에 '이웃나라에 훌륭한 문화가 있다'는 지극히 당연한 사실조차 모르는 사람이 있는 것이 오늘의 현실이다. 어떻게 이럴 수 있을까? 답은 간단하다. 이웃나라에 대한 편견이 방해하기 때문이다. 혹시라도 학교와 사회가 이런 편견을 조성하고 있다면 이제라도 부디 멈추어 주기를 진심으로 바란다.

가까운 나라일수록 제대로 알기 어렵다

앞서 인접한 나라일수록 상호 이해가 어렵다고 말했다. 왜 그럴까? 이유는 두 가지다.

하나는, 먼 나라라면 서로 다른 것이 당연하다는 생각에서 출발하기 때문이다. 외모나 신체적 특징, 복장이나 습관, 가치관 등 한눈에 봐도 차이가 상당히 크다는 사실을 알고 있다. 따라서 이야기가 통하지 않더라도 어쩔 수 없다고 금방 돌아선다.

그에 비해 생김새가 비슷한 이웃나라라면 같은 생각을 하고 비슷한 감정을 느끼는 것이 당연하다고 지레짐작한다. 그러다 보니 말이 좀 안 통하면 "왜 이런 얘기도 못 알아듣는 거지?", "태도는 왜 그래?" 하면서 감정적으로 흐르기 쉽다. 심한 경우 "굳이 말 안 해도 이 정도는 알겠지?", "같이 술도 마시고 친해졌으니 계약조건 같은 건 일일이 따지지 않아도 되겠지?" 하며 멋대로 단정짓는다. 그러나 대부분의 경우 예상대로 안 되기 때문에 상대방 책임으로 돌린다.

가까운 나라라도 어려서부터의 습관, 받아온 교육, 가치관, 역사관, 인간관계의 거리감 등 의외로 차이가 큰 법이다. '한국, 일본, 중국의 58년생 개띠들(247쪽)'에서 보듯이, 같은 나이라 해도 각자가 걸어온 삶의 이력은 놀랄 만큼 다르다.

한·중·일 세 나라를 놓고 볼 때 '피부색이 같고 얼굴 생김새도 닮은 아시아인(동양인)이니까, 서로 잘 이해하고 말도 잘 통할 것'이라는 환상을 가장 많이 갖고 있는 나라는 한국이 아닐까 싶다. 중국인은 다르다. 아시아나 동양에 대한 환상이 거의 없다.

덧붙여서 말하면 제2차 세계대전 후의 일본은 이 환상에서 가장 멀리 있다. 그러한 발상 자체가 부당하고 바람직하지 않다고 생각한다(나 역시 그렇다). 일찍이 국제연맹(일본은 상임이사국이었다)에서 인종차별 철폐를 시도했고, 러일전쟁에서 승리하여 인도·멕시코·이집트를 비롯해 중동의 각국과 세계의 비백인국에 용기를 북돋운 일본. 이는 일본에 대한 평가와 경의에 큰 기반이 되었다.

그러나 일본이 주도했던 '대동아 공영권' 구상은 지나친 민족주의,

정신주의와 함께 실패로 끝났고, 제2차 세계대전에서도 패했다. 이후 일본은 전쟁 전과는 완전히 다른 나라로 탈바꿈했다. 민족주의를 경계하고 '대동아', '아시아는 하나'라는 발상에 대해 매우 위험하다고 여겼다. 이제 이러한 발상이 남아 있는 나라는 한국이 아닐까 싶다.

이웃나라일수록 상호 이해가 어렵다고 생각하는 또 하나의 이유는 인접국끼리는 - 유럽, 중남미, 중동, 동남아시아, 동북아시아 등 세계 어디든 - 전쟁이나 영토 문제 등 피로 얼룩진 역사가 뒤얽혀 있어서 부정적인 이미지를 갖기 쉽다는 것이다.

제3장(124쪽)에서 말하겠지만, 객관적이고 공정한 역사는 '민족의 기억'과는 긴장관계에 있다. '항상 자국은 선, 상대국은 악'이라는 단순한 민족의 기억은 진실한 역사와는 대치되는 것으로, 극복해야만 한다. 그러나 어떤 나라에서는 오히려 민족의 기억을 역사인 양 강조해서 학교에서 가르치기도 한다. 학교는 물론 가정과 사회를 아우른 넓은 의미의 교육의 장에서 '애국'이라는 미명 하에 그것을 주입하거나 조장하려고 하는 나라도 있다. 이는 진정한 애국이 아니다. 인접국 사이에 편견과 대립을 불러오는 화근거리를 지금도 재생산하고 있는 것이다.

어디 그뿐인가. 인접국 간에는 '경제적으로는 옆 나라가 앞서 있을지 몰라도 문화적으로는 우리가 우위다', '지금은 옆 나라가 잘났다고 으스대지만, 원래는 우리가 더 강하다'라며 우월감 대 열등감이라는 감정적 대립구도에 빠지기 쉽다.

들어서 알던 것과는 전혀 달라요!
— 국경을 넘는 청소년·문화 교류

한·일 양국 간에는 오래전부터 대학생이나 고등학생 사이의 교류가 꾸준히 있어 왔다. 양국 간의 정치적 관계가 냉랭한 요즘 그 의의가 한층 크다 하겠다.

젊은 세대는 해묵은 편견에 사로잡히지 않는 면이 있지만, 인생 경험이 짧은 만큼 이념적이고 편향된 사상에 영향을 받기 쉬운 경향이 있다. 그러나 중요한 것은 '백문이 불여일견', 실제로 그 나라에 가서 잠시만 지내 보면 상대방의 모습이 객관적으로 눈에 들어올 것이다. 거짓말은 통하지 않는다. 눈에 보이는 다양한 현실들은 인터넷이나 신문, TV에서 접하는 토막 정보나 부정적인 이미지를 넘어설 것이다.

2013년 '한·일 청소년 공동 자원봉사 캠프'에 참가했던 고등학생들의 소감은 방문 전에 서로에게 가졌던 편견들이 얼마나 바뀌었는지를 여실히 보여 준다.

백문이 불여일견

- 보수적일 것 같다. → 우리들과 차이가 없다.
- 내성적일 것 같다. → 적극적으로 보였다.
- 역사나 정치적 문제에 편견이 있다. → 그렇지 않다. 대단히 좋았다.
- 이야기가 통하지 않고, 한국에 대해 별로 관심이 없을 것 같다.
  → 의외로 이야기가 잘 통하고 친절하고 예의 바르다.
- 한국을 무시하는 경향이 있지 않을까? → 섬세하고 배려심이 깊다. 예상과 달리 자신의 의견을 확실히 말한다.

- 좀 무뚝뚝하지 않을까? → 아주 좋은 사람들이고 공부도 열심히 한다. 한국어를 배우고 싶다.
- 뭐, 한국인은 한국인이겠지(추상적). → 아, 한국인은 이런 사람이구나(구체적).
- 반일 감정이 있을 것 같아 무섭다. → 예상과 달리 친해지기 쉬웠다.

2011년 3월 11일, 동일본 지진 피해 때는 정부, 민간을 불문하고 한국으로부터 따뜻한 지원을 많이 받았다. 다시 한 번 감사의 인사를 드

린다. 이듬해인 2012~2013년에 걸쳐 '기즈나[きずな : 연대] 강화 프로젝트'의 일환으로 한국 청년 연수단이 일본을 방문했다. 지진이나 방사능에 대한 그들의 목소리를 일부 전하고 싶다.

• '일본은 방사능 문제가 심각하고, 복구도 제대로 되지 않고 있다는 뉴스를 접했다. 그런데 직접 방문해 보니, 그런 보도나 소문과는 아주 다른 모습에 무척 놀랐다. 이미 복구가 상당히 이루어지고 있었고, 재해 후에도 주민들은 서로 협력하고 있었다.'

• '지금도 생명에 위협을 줄 만큼 많은 방사능이 잔존한다고 믿는 한국인이 많다. 나도 예외는 아니었다. 떠도는 소문만 듣고 있던 터라 걱정하면서 일본에 왔다. 그러나 이번 방문을 통해 이제까지 알려지지 않은 사실을 많이 알게 되었다. 일본의 복구 속도가 놀랄 만큼 신속하게 이루어지고 있다는 점이다. 일부 재해 지역은 서울보다도 방사능 수치가 낮게 나온다는 사실 등 재난 지역의 실상도 상세히 알 수 있었다. 재해 발생 후 1년 7개월이 지난 지금 아직 많은 곳에 피해 흔적들이 남아 있지만, 복구된 공간을 기반으로 웃음을 잃지 않고 살아가는 주민들의 모습도 많이 보였다. 한국에 돌아가면 일본에 대해 편견과 오해를 가진 친구들에게 실제 일본의 상황을 전해주고 싶다.'

• '도쿄보다 북쪽에 위치한 지역을 방문하는 데 불안감을 느끼고 있었다. 전부터 방사능에 대해서 남다른 관심을 가지고 여러 자료들을 봐왔기 때문에 더 그랬던 것 같다. 그런데 북쪽에는 많은 사람들이 살

고 있었고, 웃는 얼굴로 우리를 맞아 주었다. 피해 당시의 사진과 지금의 모습을 비교해 보면 놀랄 정도로 빠르게 회복되고 있었다. 그들의 협동심과 노력에 감탄했다. 감동적이었다.'

  • '그렇게 큰일을 당하고도 웃는 얼굴로 이겨내는 일본인의 강인함이 정말 대단하다. 따뜻하고 상냥한 일본인이 좋다. 방문할 때까지만 해도 공포심이 어느 정도 있었는데, 실제로 와서 보고 그런 공포심은 쓸데없었다는 것을 알았다. 재해 지역의 참상은 심각했지만 그렇게 심한 피해를 입었음에도 불구하고 재건을 위해 모두가 힘을 합쳐 노력하는 모습이 아주 인상적이었다. 세계의 모범이 될 수 있다는 생각이 들었다. 한국에 돌아가서도 응원하겠다.'

신문이나 TV 보도, 인터넷, 세상에 떠도는 풍설이 사실과 다르다는 점이 재해 지역을 방문한 학생들의 감상문에 드러나 있다.

  • '실제 가서 보고 난 뒤 일본이 좋아졌습니다. 일본에 대한 인상이 크게 바뀌었습니다. 일본은 군국주의 나라라고 해서 두려운 마음도 있었지만 실제의 일본은 그렇지 않았습니다.'
  • '많은 중국 학생들이 편견 때문에 방일 전에는 일본에 호감을 갖지 못합니다. 그러나 실제로 접한 일본 사람은 매우 친절했고, 홈스테이로 머물던 집의 사람들도 한 가족처럼 대해 주었습니다. 진짜 일본을 경험하면서 시야가 넓어졌습니다. 이전에 생각하고 있던 일본과는

전혀 달랐습니다. 백문이 불여일견이었습니다.'

이것은 일본을 방문했던 중국 학생의 목소리로, 중국 공산당 기관지 〈인민일보(人民日報)〉(2007. 9. 29)의 일본 특집에 실린 글이다.

한국과 중국 모두 일본에 대해서는 역사 문제에 대한 뿌리 깊은 인식 차이에서 오는 반감이 있는데, 교육이 이를 증폭시키는 면이 없지 않다. 이런 상황에서 선입견을 극복해 정면에서 일본을 보는 학생의 목소리를 당 기관지가 게재한 사실이 흥미롭다. 이처럼 실상과 차이가 있는 부정적인 일본관을 줄여나가기를 바란다. 그러려면 한·중 양국이 해야 할 작업이 있을 것이며, 일본 쪽에서도 유념해야 할 부분이 있을 것이다.

주변에 대한 배려나 나보다 남을 우선하는 자세, 자연스러운 친절 등은 하루아침에 이루어지지 않는다. 또한 어느 나라에나 나쁜 사람은 있으며 범죄도 있게 마련이다. 반일 감정이나 혐한(嫌韓) 또한 그 나름의 배경이 있을 것이며, 상대국을 호의적으로 봐주었던 학생들 마음속에도 반일 감정이 전혀 없다고는 할 수 없다. 그러나 그럼에도 불구하고 상대를 부정하지 않고(상대에게 유쾌하지 않은 사실이 있지만) 대화를 계속해야 한다는 것과 자신에게도 오해나 편견이 있을 수 있다는 것을 배워나가야 한다. 이는 상당히 중요한 발상의 전환이며, 이러한 신선한 사고야말로 국제 관계와 상대국 이해의 시작과 끝이라고 생각한다.

국경을 넘는 문화의 힘

한·일 간의 문화 교류 행사인 '한·일 축제 한마당'이 2005년부터 매해 가을 서울에서 열리고 있다. 한국에서 열리는 가장 큰 일본 문화 행사라고 할 수 있는데, 2009년부터는 도쿄에서도 개최되고 있다. 서울에서 열리는 행사의 특징은 민간 주도라는 점. 경비는 주로 한·일 양국 기업들이 제공하고, 실무적인 일은 한국과 일본의 서울 거주자가 추진한다. 관은 보조적인 역할을 한다. 한·일 간에는 매년 정치적인 현안들이 걸려 있지만 그런 문제들을 뛰어넘어 매해 성공을 거듭하고 있고, 이제는 '한·일 풀뿌리 교류'의 대명사로 불릴 만큼 성장했다.

이 축제에는 한국과 일본의 전통 민속놀이(일본에서는 지역마다 개성 넘치는 '마쓰리[祭り: 지방 축제]'가 계승되고 있다. 백수십 년 이상의 전통이 있으며, 지금도 각 지역에서 활발히 열리고 있다)가 열리는데 호기심 가득한 외국인을 포함해 많은 관광객이 몰려든다. 양국의 전통무용이나 연주는 물론 현대 팝이나 댄스 공연도 열리며, 20세 안팎의 인기 탤런트나 가수의 공연도 있고, 때로는 클래식 음악회나 패션쇼가 열리기도 한다.

이런 무대 공연과 함께 행사의 또 하나의 축인 각종 전시도 성황을 이룬다. 한·일 양국의 기업 부스, 먹거리 부스를 비롯한 지방 관광 부스, 학생들의 교류 부스 등 종류도 다양하다. 어린아이를 비롯해 중·고등학생, 20대에서 중장년층까지 각각 취향에 따라 즐길 수가 있으며, 입장료는 무료다(일부 식품은 유료). 처음 이 행사에 온 대학생들의 감상을 소개한다.

- '이 축제에 대해 들어본 적이 없어서 조촐한 소규모 행사인가 했는데, 큰 국제행사라서 깜짝 놀랐다. 즐겁게 하루를 보냈을 뿐만 아니라 일본에 대한 좁은 인식이 많이 개선됐다.'
- '일본에 대해 전체적으로 알게 되었다. 일본 문화를 이렇게 많이 직접 보고 체험해 보기는 난생처음이다.'
- '별다른 기대 없이 왔는데 마치 일본을 여행하고 있는 듯한 느낌이 들었고, 나도 모르게 깊이 빠져들었다.'
- '교수님이 권해서 오기는 했지만 주말을 날려버리겠구나 싶어 우울했는데, 막상 와보니 예상을 뛰어넘는 수준 높은 행사여서 놀랐다. 이런 흥미롭고 볼거리가 잔뜩 있는 행사가 무료라니 신기하다. 앞으로도 한·일 간 대중문화 교류행사를 무료로 체험할 수 있는 기회가 좀 더 많았으면 좋겠다고 생각한다.'

나는 2011년부터 세 번에 걸쳐 이 축제의 기획과 진행에 참여했다. 한·일 관계가 사상 최악이라던 2012년과 2013년 가을 서울 코엑스에서 열린 '한·일 축제 한마당'은 실로 인상적이었다. 특히 2013년에는 하루 4만 5,000명의 관중이 들 만큼 대단한 성황을 이루었다.

그중에서도 빼놓을 수 없는 것이 학생 자원봉사자들이다. 학생을 대상으로 한 자원 봉사로 500명을 모집했는데 950명의 한국 학생(일부는 고등학생)들이 응모해 왔다. 죄송하게도 모두를 받아들일 수 없어 일부는 거절할 수밖에 없었다. 당일에는 700명이나 되는 자원봉사자들이 통역, 홍보, 각종 공연의 진행 보조, 행사장 안내 등 각자 맡은 부분에서 크게 활약했다. 평소에는 상대의 부정적인 모습에 치중하던 한·일 양국의 언론(신문, TV, 통신)들도 매우 긍정적으로 크게 보도해 주었다.

축제장에서 일본 유카타(浴衣) 체험을 한 여학생이 그 모습을 찍어 페이스북에 올렸다. '좋네, 예쁘구나!' 하는 반응이 왔다. 어느 대학 교수가 말했다. "시대가 변했다. 일본의 유카타를 입고 주위에 자랑하는 일은, 예전 같으면 아무리 젊은 사람이라도 주저했을 것이다."

이처럼 문화는 만능은 아니지만 강력한 힘이 있다. 솔직하고 웅변적이다. 만화나 애니메이션도, 인기 가수도, 영화도 '우리나라는 이렇게 훌륭하다'는 식의 말은 결코 하지 않는다. 그러나 문화를 실제로 접한 사람들은 작중 인물이 속한 나라나 작가가 태어난 나라에 대해 친근감을 느끼고, 때로는 경탄하는 마음을 갖게 마련이다. 좋은 것, 즐거운 것, 뛰어난 기량에 대해서는 국경을 넘어서 감동을 느끼는 것이다. 겨울연가에서도, K팝에서도, 무라카미 하루키에서도, 《대망》(도쿠가와 이에야스)에서도, 도라에몽에서도, 〈러브레터〉에서도.

2015년은 한·일 국교 정상화 50주년의 해였다. 나는 서울에서 근무할 때, 특히 2013년에 "정치적인 관계가 어려울수록 다양한 교류가 필요하다. 문화, 경제, 학술, 대학, 지방, 매체 등에서 각종 교류를 활성화하자. 계획하고 준비하는 데 시간이 많이 걸리는 것도 있으니 양국이

서둘러 합의해 준비를 시작하자"라고 한국 정부에 몇 차례 제안을 했
다. 하지만 "분위기상 지금은 움직일 수 없다"는 답변만 계속되어 안타
까웠다. 50주년이라는 뜻깊은 해에 교류행사가 나름대로 펼쳐졌지만,
의식적인 노력이 더더욱 필요하다 하겠다.

선입견을 버리고
사실을 보자

나는 한국과 일본에서 근무하며 대학과 기업, 시민단체, 관청, 교육단체, 때로는 초등학교에서도 강연을 했다(한국에서는 지난번 근무 시절에 25회, 이번 근무 시절에 40회 강연했고, 중국에서는 15회 강연을 했다).

그때마다 청강자들이 적극적으로 질문해 주었고, 이는 나 자신에게도 좋은 공부가 되었다. 진지한 질문, '깊이 생각하고 있구나' 하고 감탄할 만한 질문들이 많았다. '편협한 민족주의로는 안 된다. 그런 생각은 국제사회에서 더 이상 통하지 않는다'라는 사실을 잘 아는, 건설적인 애국심을 보이는 학생들도 적지 않았다. 희망을 보는 듯했다.

한국의 한 대학에서 강연했을 때다. 한 여학생이 이렇게 질문했다.

"주한 일본대사관 앞에서 위안부 할머니들을 위한 '수요시위'에 참가한 적이 있다. 미치가미 공사가 설명하는 내용은 내가 시위 주최자에게서 들은 것과 꽤 차이가 있다. 일본의 총리들이 확실하게 할머니들에게 사과의 말을 전했다는 것, 일본 민간과 정부에서 성의를 가지고 최대한의 조치를 취했다는 것 등은 처음 듣는다. 정말인가?"

나는 대답했다. "내가 설명한 대로다. 그것이 참인지 거짓인지는 직접 조사해주기 바란다. 사실을 왜곡해서는 안 된다. 내가 들려준 이야기는 새로운 사실이 아니라 일본 정부가 거듭 설명했던 것이다"라고.

아시는 독자도 있겠지만, 1995년 무라야마 도미이치 총리는 전후 50주년을 맞아 담화를 발표했다. 총리는 담화문에서 "우리나라는 식민지 지배와 침략에 의해 많은 나라들, 특히 아시아 제국의 여러분들에게 큰 손해와 고통을 주었습니다. 나는 미래에 잘못이 없도록 하기 위하여, 의심할 여지도 없는 이 역사의 사실을 겸허하게 받아들이고, 여기서 다시 한 번 통절한 반성의 뜻을 표하며 진심으로 사죄의 마음을 표명합니다. 또 이 역사로 인한 내외의 모든 희생자들에게 깊은 애도의 뜻을 바칩니다"라고 밝혔다.

이후 일본의 역대 정권도 그 취지를 계승하고 있다. 2015년 아베 신조 총리 담화도 마찬가지다.

고이즈미 준이치로 총리, 하시모토 류타로 총리 또한 위안부 할머니들에게 '일본국 총리로서 … 진심으로 사과와 반성을 표합니다'라는 사과의 편지를 보냈다. 위안부 문제는 '많은 여성들의 명예와 존엄성에 깊은 상처를 입힌' 문제라고도 썼다. 매우 기초적인 사실이다. 또한 위안부 문제에 대해 정부와 민간이 협조해 마련한 '아시아 여성기금'

으로 할머니들에 대해 여러 사업을 벌였다.

이상 모두가 공개된 사실이고, 일본 정부가 누차 강조해온 바다. 그런데 이러한 사실이 한국인에게는 '불편한 진실'이란 말인가. 그렇더라도 사실을 직시하지 않으면 안 된다. '사과하지 않았다', '민간인의 돈뿐이다'라는 말은 사실과 맞지 않는다.

일본 측이 전부터 알려왔고, 많은 일본인들이 알고 있는 이 사실에 대해 한국 전문가들은 알고 있을 텐데, 사람들에게 말하거나 글로 쓰지 않는 경우가 많다.

나는 서울에서 '총리의 편지'나 '무라야마 담화문'을 복사해 가방에 넣고 다니며 몇 차례 전달했다. 정치부나 국제부 기자들 중에는 이런 기초 지식 없이 기사를 쓰는 사람이 있다. '일본, 역사'라는 소리만 들리면 '직시하지 않는다, 반성하지 않는다, 왜곡, 우경화'라는 조건반사식 반응을 되풀이한다. 사실을 알게 된 기자는 "일본의 총리가 위안부 할머니들에게 확실한 사과의 말을 했다니!" 하고 놀란다. 나는 이런 실태를 알고 있지만 일반 일본인들은 "그런 것도 모르고 일본을 비판한단 말인가?" 하고 놀란다. 당연한 일이라고 생각한다.

솔직히 말해 한국에서는 아직도 중요하고 기본적인 사실을 정면에서 보지 않으려는 경향이 있다. '일본은 역사에서 눈을 돌리려고 한다'는 선입견(이를 조장하는 보도도 많다)에 빠져 있지 말고, 사실을 직시했으면 한다.

서울의 어느 학술 심포지엄에서 역사와 위안부 문제를 두고 용기 있는 발언이 한국 지식인들 사이에서 나와 놀란 일이 있다.

"1990년대 일본은 무라야마 총리가 사죄를 표명하고, 아시아 여성 기금으로 정부를 포함한 관민(官民)이 위안부 문제에 진지하게 임하고 조치를 취했다. 우리는 이를 알고 있지 않은가. 그 당시 지금의 일본에게는 바랄 수 없는 높은 수준의 조치가 실현되지 않았나. 그럼에도 불구하고 일본을 비판하고, (국가 책임이고 배상이고) 불가능한 것을 요구하는 것은 무엇 때문인가. 이는 자기 위안이라고 할 수밖에 없다."

대학에서 행해진 또 다른 심포지엄. 어느 여성 연구자가 위안부 문제에 관련한 국내 유력 단체에 관한 질문에 이렇게 대답했다.

"세계 어느 나라나 그렇겠지만 상대국이 받아들이기 어려운 일방적인 요구만 거듭한다면, 그것은 문제를 해결해 보자거나 앞으로 나아가자는 생각이 없는 것이다."

일본인도 아닌 한국인이 한국이라는 현장에서 그런 발언을 하기란 쉽지 않을 것이다. 극히 예사로운 일에도 실제로는 용기가 필요하다. 나는 "한국인에게는 무엇을 하든 무슨 설명을 하든 허사다. 합리적인 얘기가 통하지 않는다"라는 일부 일본인들에게 내가 직접 목격한 이 두 사례를 들려주곤 한다. 이 말을 들은 일본 사람들은 놀란다.

하지만 안타깝게도 이런 사례가 지극히 제한된 예외적인 현상이라는 것 또한 부정 못 할 사실이다. 신문도 TV도 일본에 대해서는 편견을 조장하는 경우가 대부분이다. 사실에 근거를 둔 공정한 논의가 이루어지기를 진심으로 바랄 뿐이다.

한·중·일을 비교해 보면

'아시아가 뭉치면 서양인에게 지지 않는다', '얼굴 생김새가 비슷한 동아시아인끼리는 이야기가 잘 통한다'. 이처럼 외모, 인종, 혈통을 중시하는 생각이 한국에는 아직까지 많은 듯하다. 1980년대 한국에서 "물질문명은 서양이 앞서지만 정신문화는 동양이 높다"라고 말하는 사람이 있어 놀란 적이 있다.

지금은 이런 잘못된 생각(자칫하면 콤플렉스에 기인한 것으로 여겨지는)이 많이 사라졌지만, 내가 피부로 느끼기에는 일본이나 중국에 비해 한국에서 이런 생각이 더 강한 것 같다. 혹시라도 그런 방향의 교육이 이루어지고 있는 것은 아닌지….

세계 각지에서 동아시아 사람의 공공 예의를 벗어난 행동들이 눈에 띈다. 물론 예외가 있긴 하지만 대체로 서양인들은 호텔이나 공항, 박물관, 철도역, 공연장 등 공공장소에서 예절을 잘 지키고 자녀 교육에도 엄격하다. 반면 동아시아 사람들은 조용해야 할 공공장소에서 큰소리로 떠들거나 아이들이 소란을 피우고 돌아다니는 것을 그대로 방치한다. 시간과 장소, 상황에 어울리지 않는 캐주얼한 복장, 시끄러운 소리를 내는 식사 등 때문에 빈축을 사고 있다. "동아시아에서는 자녀교육이 제대로 돼 있지 않다"라며 눈살을 찌푸리는 사람들이 세계 각지에 많지 않을까 싶다. 찾으면 일본인 중에도 그런 사람이 있겠지만, 전체적으로는 중국이나 한국 쪽에 더 많다는 인상이다.

한국도 중국도 자국을 '동방예의지국'이라고 말한다. 이때의 예의는 지금의 공공 예절과는 달리 유교의 예의범절에 부합하는가 아닌가의 문제였다. 그런데 이러한 예절론은 차치해 두고, 중국이 한국과 다른 점이 있다. "지금 중국은 동방예의지국이라는 말에 걸맞지 않다. 매너가 좋지 않아서 세계적으로 평판이 나쁘다"라는 자기 인식이 있다는 점이다. 이와 관련해 중국은 "우리들은 아직 한참 뒤쳐져 있다"라는 자각이 강하다. 또한 문화대혁명이나 천안문(天安門) 사건 등을 통해 얻은 경험으로 "한 발만 잘못 디뎠다가는 나라의 질서가 무너진다"라는 위기의식도 있다. 한국은 이 점이 희박하다.

일반 국민들의 평균적인 생각이라기보다는 약간 엘리트층의 비교이기는 하지만, 일본관이나 세계관에 대한 공평함이나 자기반성에 있어서는 중국 쪽이 한국보다 더 진지하다고 생각한다. 중국 사람은 자신들이 얼마나 세계적으로 평판이 좋지 않은지를 포함하여, 세계를 잘 살펴보고 있다. 책의 서두에서 언급했지만 중·일 관계가 좋지 않은 원인은 자국에 있다고 답한 설문조사 결과도 있다. 감정에 사로잡히기 쉬운 자신들에 대한 자기비판의 눈이 있는 것이다. 즉, '공기'나 '분위기'에 휩쓸리지 않으려고 하는 인식이 확실히 있다. 그런 것을 알면서도 궤도수정을 할 수 없는 국가 시스템이 심각한 문제이긴 하지만.

한·중·일 세 나라를 좀 더 비교해보자면, 우선 중국 국민들은 국가나 조직을 그다지 믿지 않기 때문에 스스로 길을 개척하려고 한다. 그런 경향이 한·중·일 중에서 제일 강하다. 나라에서 관여하기 시작한 것은 최근의 일로, 국민 모두가 혜택 받는 공평한 시스템의 정비가 아직 요원하다 보니 자력으로 해결하려는 인식이 클 것이다. 그러나 보다 근본적인 요인은 예로부터 국민과 국가 사이에 존재하는 큰 거리감 때문인 듯하다.

그에 비해 일본은 "국가나 공공기관에서 도움의 손길을 준다"라고 마음으로 믿고 있다는 점에서 중국과 사뭇 다르다. 지진 등 피해가 큰 대재난 시에도 평정심을 잃지 않고 질서를 지킬 수 있는 것도 주위 사람들과 제도에 대한 신뢰가 있기 때문이라고 설명할 수 있겠다.

한국은 이 두 나라의 중간쯤으로 생각된다. 일본인의 눈으로 보면 제도에 대한 신뢰감은 실질적으로는 중국에 가깝게 보인다. 또 하나, 일본인 입장에서는 한국은 중국보다 세계사나 세계문화에 대해 대화가 잘 된다. 고대사나 유럽의 근세나 근대사, 유명한 화가나 음악가도 잘 알고 있어서(중국이나 이슬람 역사에는 약간 어둡지만) 이야기가 통한다. 중국인은 이런 면이 약하다.

물론 한국이 항상 중국과 일본의 중간이라는 것은 아니다. 16년 전 서울에서 한국과 중국의 지인들과 이야기를 나눈 적이 있다. 그때 한국 쪽에서 이런 말이 나왔다.

"일본은 다 좋은데, 한 가지 궁금한 게 있다. 사람을 만나 부탁을 했을 때 아니다 싶으면 그냥 안 된다고 말해 주면 좋은데, 일본 사람은 검토해 보자고 한다. 'yes'인가 하면 실은 'no'에 가까운 경우도 있다. 분명하게 말해 주면 좋을 텐데…."

그 말을 들은 중국인이 말했다.

"나는 일본에 가본 적도 없고 지식도 없지만, 처음 보는 사람에게 'no'라고 분명하게 말하기는 쉽지 않다. 확실하게 말하지 않는 건 중국도 마찬가지다. 중국에서는 연구해 보자고 한다. 한국에서는 첫 대면에서도 'no'라고 말하는가?"

이렇듯 한·중·일 세 나라를 비교해 보면 겉으로는 비슷해 보일지 몰라도 실상은 뚜렷한 차이가 있다. 그럼에도 불구하고 한국에서는 '같은 동아시아'라는 사고 아래 가깝지만 서로 다른 세 나라의 차이를 명확히 인식하지 못하고 있는 듯하다. 이와 더불어 한국에서는 '피, 출생'을 중시하는 경향이 아직 강하다. '한국, 일본, 중국의 58년생 개띠들'이라는 글(247쪽)은 (그런 목적으로 한 것은 아니지만) 결과적으로 '동아시아는 비슷하다'라는 안이한 믿음을 바탕에 둔 동아시아론에 대한 경종이라고 할 수 있다. 식사 때 함께 젓가락을 쓰고, 한자로 필담할 수 있다는 것은 좋지만 말이다.

그러나 그것이 가장 중요하지는 않다. 지구 반대쪽에 있는 나라라 해도, 외모나 복장은 다르지만 마음이 통할 수 있으며, 가치관을 공유하거나 친근감을 가질 수 있는 나라는 얼마든지 있다. '피, 외모, 인종, 출생지'에 구애받는 전근대적인 발상은 지양하는 편이 좋지 않을까 하는 생각이다.

무엇을 위한
상호 이해인가

외국과 자국 간의 상호 이해를 키워가는 지속적인 노력은 아시아에서는 일본이 선도해 왔다. 청소년 교류, 세계 지도자 초빙, 문화 교류, 공적개발원조(ODA)가 대표적인 사례다. 일본이 1990년대 후반 이후 10년 정도 그 노력을 게을리한 반면, 이제는 중국 쪽에서 많은 노력을 경주하는 경향이 눈에 띄었다.

중국의 한 중견 지도자는 내게 "전 세계적으로 중국의 평판이 좋지 않기 때문에 이 부분에 열심히 힘을 쏟는 것이다. 예전에는 공산국가라는 이유만으로 상대도 해주지 않는 나라가 많았다. 지금도 중국을 싫어하는 나라들이 있지만 그들과의 교류를 중점적으로 진전시키고 있다"라고 말했다. 이처럼 세계를 잘 읽을 수 있는 국제파가 중국 각계에 포진해 있다.

교류에 의한 상호 이해는 누구를 위한 것일까. 어딘가의 외국을 위해서인가, 자신들을 위해서인가, 인류 보편의 이익을 위해서인가. 답은 70퍼센트 정도 자신을 위해서다.

미국까지 포함해, 오로지 자국의 힘만으로 성립한 나라는 없다. 상호 의존, 협력, 경쟁, 라이벌 등 복잡한 관계 속에서 다양한 네트워크를 형성해 갈 필요가 있다. 자국의 경제 발전이나 정치·안보상의 이익 내지는 자국에 대한 친근감을 확보하기 위해, 또한 해외 지원을 늘려 외교적 걸림돌을 줄이기 위해 타국과 교류하며 상호 이해를 다져가는 것이다.

인접국은 물론이고 멀지만 중요한 나라에도 실태를 알리면서, 있을 법한 오해를 줄이도록 노력해야 한다. 오래전 한국에 있을 때 "데모나 노사분쟁의 영상이 세계로 많이 흘러나갔다. 그 때문에 외국에서 한국을 볼 때 국가 권력의 횡포다, 자유가 없는 나라다, 폭력이 난무한다 등의 부정적인 이미지가 강하다. 그러한 오해를 해소하고 싶다"라는 말을 자주 들었다. 그것은 경제적인 면은 물론 국가 이미지 차원에서도 풀어야 할 중요한 과제였을 것이다.

한편 외국과의 상호 이해는 교류 상대를 위해서라는 측면도 있다. 자국의 현황이나 정책, 문화, 생활, 산업기술을 알리는 일은 그것을 알게 되는 상대에게도 이점이 있다. 그런가 하면 인류 보편의 이익을 위한 면도 있다.

일본은 특히 이 점을 중요시하고 있다. 환경문제에 머리를 맞대고,

복지나 의료·위생, 테러 대책이나 인권문제 등 공통된 주제에 대해 의견을 나눈다. 확실히 이것은 자국의 선전이나 홍보를 넘어선 측면이 있다. 그리고 일방적인 홍보가 아닌 양방향의 작업이라는 것이 중요하다.

의도적으로나 조직적으로 작업하지 않더라도 1970년대에서 90년대 중반까지의 일본처럼 경제에서도 문화에서도 세계적으로 높은 평가를 누리는 가운데, 국가의 이런 정책 활동을 하찮게 보는 경우도 있다. 당시 일본에서는 문화 교류를 국가가 추진하는 것은 '민간 압박, 국가의 개입'이라는 비판이 있었다. ODA에서조차 '자국의 기업에 이익이 돼서는 안 된다'는 여론이 강했었다.

어떤 형태로든 외국과의 상호 이해는 결과적으로 자국의 이익이 된다는 측면이 강하다. 상대국을 정확히 파악하고 제대로 이해하려는 노력을 기울여야 하는 이유도 여기에 있다. 나는 한국이 보다 적극적으로 일본과 중국을 포함한 세계 각 나라와 올바른 상호 이해를 위한 노력을 더 해주기를 바란다. 거듭 강조하지만 결국 이것이 한국을 더 성장시키는 발판이 될 것이다.

하드 파워는 미국, 소프트 파워는 일본?

처음으로 중동에서 근무하면서 느낀 것은 이 지역에서 일본에 대한 평가가 '경의(respect)'라 할 만큼 상당히 높다는 점이다. 내가 지금 살고 있는 두바이에서는 거리를 달리는 차의 60퍼센트 이상이 일본 차인데, 기술적인 면만이 아니라 만화나 애니메이션, 초밥 등에 대해서도 높이 평가한다. 하지만 진짜 각광을 받는 것은 우수한 공공 예절과 사회 규율, 자신보다 주위 사람을 우선시하는 정신적인 면이다. "타인에 대한 봉사, 사회 공헌 같은 이슬람의 가르침을 우리보다 더 잘 실천하고 있는 훌륭한 나라다"라는 말도 듣는다.

그들은 러일전쟁에서의 승리가 중동 여러 나라에 큰 희망이 되었던 것을 잘 알고 있다. 터키에는 러일전쟁에서 크게 활약한 도고 장군과 노기 장군의 이름을 딴 거리가 있으며, 태어나는 아기에게도 그 이름을 붙였다고 한다. 요즘도 어느 지방에서는 일본인에게는 돈을 받지 않는 찻집이 있다는 말을 터키 근무자에게서 들었다.

2009년 사우디아라비아에서는 라마단 기간 중에 TV 특별 프로그램으로 일본 특집을 방송했고, 중동 각 나라에서 화제가 되었다. 길에 꽁초를 버리지 않고, 대중교통을 이용할 때 남을 먼저 배려하고, 쓰레기를 제대로 분리수거하고, 주운 지갑을 경찰을 통해 주인에게 돌려주는 등 생활 곳곳에서 사회질서나 공공 예절의 수준이 돋보인다는 설명이었다. 지갑을 놓아두고 다른 사람이 훔쳐가지 않는지 실험까지 해 보였다.

사우디아라비아를 비롯하여 이 방송을 본 인근 나라들의 반응이다.

'돈만 생각하는 우리들과는 다르다', '누구보다도 현명하고, 문화적이고, 교양을 갖춘 일본은 세계의 모범이다', '이 영상을 보고 이슬람 세계와 비교하니 울고 싶어진다', '다른 세상의 사람을 보는 것 같다',

'세계 제일의 위대한 나라로 알려진 그 나라에 가보고 싶다'.

시시 이집트 대통령은 2015년 5월 "일본인은 부지런하고 규율을 잘 지킨다. 걸어 다니는 코란이다"라고 말했다. 이슬람교도로부터의 이러한 평가는 최고의 찬사라 할 수 있을 것이다. "좀 더 잘하자. 앞으로도 계속 청찬 받을 수 있는 일본이 되어야 하니까, 현상에 안주해서는 안 된다"라고 일본인들끼리 서로 이야기하곤 한다.

이런 와중에 현지 지식인으로부터 "하드 파워의 대표는 미국이다. 미국은 군사력으로 세계를 틀어쥐려 한다. 반면 일본은 소프트 파워의 대표로 문화적 힘과 기술력, 브랜드로 존경과 평가를 받고 있다. 물리력이 아닌 매력, 즉 문화·사람·기술로 세계에서 존경을 받고 있기 때문에 미국보다 대단하다"라는 말을 들었다. 일본에 대한 높은 평가는 고맙지만 나로서는 한마디 하지 않을 수 없었다. 미국에 대한 그런 여론은 중동의 갈등을 포함한 세계의 모순을 송두리째 구미, 특히 미국에 떠넘기고, 지구촌의 모든 문제를 미국의 횡포 때문이라고 보는 일부 언론이 있기 때문이다.

소프트 파워에 있어서 일본은 애초 출발점의 수준이 높았기 때문에 특별히 국가가 나서지 않고 자연스러운 흐름에 맡기는 추세였다. 다른 많은 나라에서는 의도적이고 조직적으로 소프트 파워의 확충정책을 추진하고 있다. 일본도 '민간에게만 맡기지 말고 정부가 자기 역할을 해야 한다'고 뒤늦게나마 재인식하고 있다.

2차 대전 후 일본에서는 하드 파워는커녕 자국의 방위를 튼튼히 해야 한다는 생각 자체에 거부반응을 일으키는 사람들이 상당수 있었다. '군대, 군사, 국방'이라는 말을 듣기만 해도 침을 뱉는 분위기였다. 이러한 거부반응이 줄어든 것은 다행스러운 일이지만, 전후 일본 본래의 특기인 소프트 파워를 등한시하는 방향으로 가서는 안 될 일이다. 세계 각국에서 일본을 향해 들려주는 소리에도 귀를 기울이고, 서로의 문화를 소개하고 장점을 인정하면서 당당히 주장하는 자세가 일본의 국익에 틀림없이 도움이 될 것이다.

2장

내가 바라본
한국의
일본관·중국관

'공기, 분위기, 국민 정서'가 사람들의 행동에 영향을 주는 일은 어느 나라에나 있지만, 최근 한국에서는 사회경제가 발전하는 가운데 그 정도가 한층 심해진 것 같다. 냉정한 국익 분석에 근거해야 할 외교에까지 영향을 미치고 있는 것이다.

제2장에서는 지금의 한국을 둘러싸고 있는 공기에 대해 살펴본 후 근래 30년간 한국의 변화를 내 경험과 관찰을 토대로 되짚어보려 한다. 1980년대 후반, 90년대 말의 일본관은 어떠했는지, 그리고 21세기 진입 후부터 오늘에 이르기까지는 어떠한지에 대해서. 또한 이 장의 후반부에서는 이 책의 주요 주제인 중국에 관해, 특히 한국에는 잘 알려지지 않은 정치의식이나 한국관, 일본관을 소개하려 한다. 중국에도 한국과 마찬가지로 '공기'라는 것이 있으나, 동시에 상당히 다른 주장도 나타나고 있다는 사실을 알아두었으면 한다.

무엇이
한국 사회를 지배하는가?

한국인의 말과 행동에 가장 영향을 끼치는 것은 법률이나 규칙이 아니다. '국민 정서'인 '공기'와 '분위기'다. 암묵적인 룰 내지는 '사람들의 기색'을 살피면서 따라가는 것이다. 분위기에 따르는 것은 어느 나라, 어느 시대에나 있지만 요즘의 한국은 그 정도가 너무 심하지 않나 싶다.

공기에 따른다는 것은 '기존의 시스템에 따르는' 것으로, 부분적으로나 일시적으로는 합리적인 행동처럼 보일 수 있다. 그러나 실은 입맛에 맞는 부분만을 짜 맞추는 행위로, 중장기적으로는 큰 폐해를 가져올 수도 있다.

일본이 과거에 실패했던 이유

1977년 일본에서는 《공기의 연구》라는 책이 베스트셀러가 되었다.

논리나 사상보다 주위의 분위기, 즉 '공기'를 읽고 움직이기 쉬운 일본인. 이를 비판적으로 날카롭게 분석한 야마모토 시치헤이의 '일본인론'이다.

어떤 중대한 판단을 내리려 할 때, 그에 앞서 합리적으로 생각해 본 결과 그 판단이 무모하다는 상세하고 명확한 근거가 있다고 하자. 그러나 그것을 겉으로 드러내는 데는 세상의 상식이나 사회의 가치관 내지는 (한국에서 말하는) '국민 정서'상, 반대하는 것이 어려울 수 있다. 그것이 공기다.

이 공기에 속박되어 나라를 그르치는 큰 실수를 저지를 수 있다. 야마모토 시치헤이는 〈한 이상(異常) 체험자의 편견〉에서 이렇게 지적한다.

"1941년의 미·일전쟁에 이르기 전에, (육군 총사령부의) 최고책임자가 '패할 테니 전쟁을 하지 말아야 한다'고 말했다. 신문이 (국민에게) 알릴 의무가 있다면, 이런 경우에는 이 최고책임자의 판단이야말로 일본 전체에 알릴 의무가 있었을 것이다. 그러나 당시 신문은 전의를 고양하는 기사를 계속 내보냈다…."

일본인은 현실 긍정주의자임에도 불구하고, 정작 현실을 벗어난 것이다. 일본의 진주만 공격과 미·일전쟁 돌입은 '독일과는 제대로 된 군사적 연계도 없이, 중국 대륙에서는 수렁에 빠진 채, 게다가 당시 최대 국력을 가지고 있던 미국·영국·소련을 한데 적으로 돌려버리는, 어리석은 짓이라고 볼 수밖에 없는 것(〈전략외교원론〉, 가네하라 노부카쓰)'이었다. 그런데도 그 길로 돌진해 버렸다.

당시 세계 최대 규모의 전함인 야마토가 출격했지만, 미군의 공격으로 수많은 사상자를 남긴 채 침몰하고 말았다. 당시 야마토 출격을 무모하다고 판단하는 데 필요한 데이터와 명확한 자료가 있었다. 그러나 '전반적인 공기'에 의해 야마토 출격을 결정했다. 정당성의 근거 즉, '그렇게 할 수밖에 없는' 힘을 갖고 있는 것은 오로지 공기였던 것이다.

2차 대전에서의 미·일 개전, 또한 전쟁 후반부의 야마토 전함 출격에 관해 열린 눈을 가진 사람들이 있었다. 그것이 승리를 확신할 수 없는 위험한 판단이라고 알고 있는, 냉정하고 현실적인 사람들이 있었다. 그럼에도 불구하고 공기에 의해 현실과 동떨어진 졸책을 밀어붙였다. 나라의 운명을 그르치고, 국토를 초토화시키고, 수많은 인명을 희생시켰던 것이다.

한국은 과연 괜찮을까?

그런데 일본에는 '한국인은 공기를 살피지 않고 주위에도 신경 쓰지 않는다'라고 생각하는 사람도 있다. 일본인이라면 친구, 상사, 비즈니스 상대 등, 주위를 배려해서 입을 다무는 경우에도 한국인은 비교적 마음에 떠오르는 대로 자유롭게 말한다. 그래서 일본인에게는 '꼭 한마디씩 더 하거나' 아니면 '무신경한' 모습으로 비친다.

그러나 실제로는 한국인 나름의 방식으로 섬세하게 주위에 대해 배려하면서 신경을 쓴다. 말하고 싶은 대로 말하거나 하고 싶은 대로 하는 것이 아니라 한국인 방식으로 섬세하게 공기를 살핀다. 출신지나 학력, 소속 조직이나 종교, 정치적 성향에 따라 세심하게 공기를 읽는 것이다. 즉 일본인과 마찬가지로 누군가가 불쾌감, 소외감, 불평등을 느끼지 않도록 치밀하고 세심한 신경을 쓴다. 한국인으로 통상 요구되는 '정치적으로 올바른' 방향성에 따라 행동하는 것이다.

최근 사반세기 동안 시스템 정비가 크게 진행된 한국에서 기성 시스템에 대한 신뢰도가 올라가는 현상은 납득이 간다. 하지만 이것이 지나치게 권위적이 되었다. 예전이라면 공기 이전의 '국익론'이 관철되었던 데 반해서, 최근에는 정면의 국익론이 '공기 (내지는 개별적인 소수의 반대론)'에 밀려나는 일이 늘어난 것은 아닐까? 민족 정서, 공기, 분위기에는 반(反)하지만, 진짜 국가나 국민의 이익에 도움이 되는 의견 - 이것을 여기서는 정론(正論)이라고 부르자 - 즉, 정론은 80, 90년대에는 상당히 있었다. 넓은 시야와 용기 있는 주장(일반 다수의 견해에 반하더라도)을 신문 등에서 자주 볼 수 있었다. 그러나 근래 들어 이러한 정론은 눈에 띄게 줄었다. 알고 있다 해도 행동하지 않고 발언하지 않는다. 이런 현상이야말로 '공기에 의한 지배'다.

요즘도 사적인 자리에서는 정론을 들을 수 있다. 정치 문화에 관한 문제, 일본이나 중국에 관련된 외교 문제에 대해서 정론을 가슴에 담은 학자나 재계 인사, 신문사의 간부들도 막상 밖을 향해서는 발언하지 않는다. 세상에서 기대하는, 여론에 영합하는 방향으로 자기 수정을 하고 만다.

한국은 과연 괜찮을까? '공기'나 '모두가 가고 있는 방향'으로 한데 휩쓸려 냉정한 판단을 요하는 중요한 대목에서 잘못된 판단을 내린 수십 년 전의 일본과 같은 함정에 빠져 있는 것은 아닐까.

어느 재계의 총수에게 직접 들었는데, 요즘의 한국에는 진정한 의미의 어른이 사라졌다고 한다. 80, 90년대는 아직 정론을 외치는 어른이 정면에 나서 여론을 주도했다. 때로 사소한 사정(事情)이나 포퓰리즘으로 흐르기 쉬운 여론을 견제하고 질타하는 사람이 있었다.

그런데 지금 한국의 모습은 어떠한가? 정치나 외교 문제는 물론, 국민의 목숨과도 관련 있는 안전 문제에 있어서도 같은 실정이다.

지하철에서는 승·하차가 끝나기도 전에 문이 닫히거나 노인이 문에 끼이는 일을 매주 본다. 새벽이나 심야에 곳곳에서 빨간불을 무시하고 엄청난 속도로 내달리는 서울의 택시. 이것도 상당히 위험하다. 신호라는 규칙을 신뢰하는 보행자는 생명을 빼앗길 위험이 있다.

내가 가족과 함께 서울 용산구에 살았던 2000년. 인도의 맨홀 뚜껑이 열려 있는데도 주위에 울타리는커녕 주의 표시판도 없었다. 노인이나 아이는 물론 누구에게든 위험한 상황인데도 그대로 방치해 둔 것이다. 믿을 수 없는 일이었다. 삼풍백화점과 성수대교 사고가 떠올랐다. 작지만 당연히 따라야 할 규칙을 무시하다 보면 결국 대형 사고로 이어진다. 세월호 사고 뒤에도 콘서트장 사고로 사상자가 나오는가 하면, 신설 쇼핑몰에 안전상의 문제가 많다는 소식 등이 빠지지 않고 뉴스에 등장한다.

지하철이든 택시든 맨홀이든 지금 당장으로서는 남들 하는 대로 규칙을 거스르는 행동이 합리적이고 편리하다고 생각할지 모른다. 맨홀 뚜껑이 열린 채 방치되어도 사고로 이어지지 않는 일이 더 많을지도 모른다. 그러나 이런 문제들이 축적되어 어떤 결과를 초래하는지 이미 많이 보지 않았는가?

정치 문화든, 외교든, 안전 문제든 정론이 아닌 공기에 편승하는 것은 미래를 볼 때 상당히 위험하다. 한국이 과거 일본과 똑같은 실수를 저지르고 있지는 않은지 돌이켜 보아야만 할 것이다.

한국을 지배하는
네 가지 공기

읽어야 할 공기의 질이나 형성 과정은 나라에 따라 다르지만 어느 나라든 그 사회를 지배하는 공기는 있다. 중국이나 일본에 대해서는 각각의 장에서 상세히 살펴보겠지만 어느 정도 추려서 (약간 희화적으로) 말하면, 지금의 한국을 지배하는 공기에 대해 한국 사람의 어느 정도쯤은 다음 네 가지에 수긍하지 않을까 싶다.

공기 ①

"우리는 일본보다 국제적이고 진취적이며, 중국보다 풍요롭고 앞선 사회다. '한류'뿐만 아니라 다양한 면에서 한국은 국제사회로부터 박수를 받고 있다. 미국에서도 아시아에서도, 일본이나 중국보다 한국에 더 친근감을 느끼고 높은 평가를 내린다. 또한 이웃나라 중국과 일본에 대해서는 한국이 제일 잘 알고 있다. 일본은 중국과 싸우면서 손해를 보고 있다. 한국이 예전에는 경제와 문화 모두 미국이나 유럽, 일본에서 배워왔지만, 지금은 '우리 것'이 제일이고, 다른 나라에서 배울 것은 별로 없다."

이것을 일본과 중국으로 나누고, 또 안전 문제를 덧붙여서 살펴보자.

공기 ②

"일본은 힘이 떨어졌으니 더 이상 신경 쓰지 않아도 된다. 국제사회에서 일본이 아직도 높은 평가를 받고 신뢰와 존경을 얻고 있지만, 한국 안에서는 그렇지 않은 것처럼 행동하는 것이 맞다. 실제 일본이 어떠한가 하는 것과는 상관없이, '우리가 이러하다고 생각하는 일본'을 공격하고, 우경화다 역사 무시다 운운하면서 몰아붙이면 된다. 예전에는 일본에 신경을 너무 썼다."

공기 ③

"중국이 없으면 한국 경제가 제대로 돌아가지 않으니, 한·미동맹도 중요하지만 우선은 미국과 중국에 양다리를 걸치는 외교로 가자. 그러나 중국은 덩치만 클 뿐 사실은 매우 무례하고 우리보다 훨씬 수준이 낮다. 국제 의식이나 일본관도 한국보다 뒤처져 있다."

"사람의 통행이 뜸한 한밤중에는 신호를 지키지 않아도 된다. 배의 개조나 승객관리 규칙은 엄격하게 준수하지 않아도 괜찮다. 전철의 출입문에 노인이 자주 끼이지만 어쩔 수 없다. 사실은 그래서는 안 되겠지만 모두가 하고 있는 일이고, 일일이 규칙을 엄수했다가는 효율이 떨어진다. 회사에도 이익이 되지 않을뿐더러, 깐깐하게 따지고 들면 윗사람도 좋아하지 않는다."

한국을 지배하는 네 가지 공기. 그런데 이 네 가지는 정말로 그런 것일까? 아니, '우리 자신에게 일시적으로 편한 점만을 골라낸 왜곡된 도식'이라고 내심 느끼는 한국인이 사실 30퍼센트쯤은 되지 않을까?

적당한 자신감은 좋지만 과신이나 착각이 있다면 그것은 한국의 현재와 미래에 손실을 가져올 것이다. '다른 사람들도 모두 그렇게 하고 있다', '지금 당장은 그렇게 하는 것이 무난하다'라는 식이 과연 좋은가? 제대로 된 분석 없이 '공기', '정서'에 따라 움직이면 나라가 표류해 버릴 염려가 있지는 않을까?

권위주의 체제에서 민주화된 문민정부를 거쳐 사회 전반에 자유와 민주가 뿌리 내리고, 이제는 '다원화' 사회 수준에 이르렀다는 긍정적인 자화상을 가진 한국인이 많다. 확실히 한국 사회 곳곳에서 보이던 (일본을 비롯해 많은 외국인의 눈살을 찌푸리게 하던) 인종차별이나 직업차별은 80년대보다 많이 개선되었다. 한국 사회의 진보된 모습이며,

반가운 일이다.

그러나 희한하게도 일본에 대해서만은 자유로운 여론 공간이 좁아져 일본의 실상을 파악하는 힘이 약해졌다. 공기, 즉 분위기에 따라가는 틀에 박힌 일본관이 지배적이다. 15년 전(1998~2000년)과 이번 근무(2011~2014년)를 비교해 보면 알 수 있다. 각종 신문이나 TV를 보고, 기고나 인터뷰, 각사의 기자들과 간담회를 매주 2~3번 거듭한 나는 피부로 그렇게 느낀다. 그 표리일체로 중국에 대한 파악도 실태와 차이가 커지고 있다. 안전에 대해서도 사고가 일어나면 '희생양' 공격으로 치닫지만, 평소에는 공기에 따라 적당히 묻어가는 비슷한 문제들이 적지 않다. 다만 이 책에서는 안전에 관한 문제는 접어두고 외교 문제에 한해서 살펴보려고 한다.

자, 이제 생각해보자. 한국의 공기는 근래 30년간 어떻게 변해온 것일까? 여기에 대해 먼저 일본관을 중심으로, 80년대 중후반과 90년대 말, 그리고 2010년대로 나눠 그 변천을 이야기해 보겠다.

1980년대
한국의 일본관

1985년, 연수생으로서 한국어를 배우며 서울대학교 외교학과 석사과정에 있던 당시의 이야기다. 친구를 따라서 인류학과의 어느 노교수의 일본에 대한 특강을 들으러 갔었다. 청중 가운데 일본인 학생이 있는 줄은 모르셨으리라 생각된다. 그 노교수는 특강 중에 이렇게 말했다.

"우리는 일본이라는 나라에 대해 이제 잘 알고 굳이 공부하지 않아도 된다고 생각하지만 큰 오산이다. 사실 우리는 일본을 잘 모른다. 오히려 다른 나라, 미국이나 프랑스, 러시아 쪽이 일본을 더 잘 아는 경우가 있다. 우리는 일본을 잘 알지 못한다는 인식으로부터 출발해 일본을 공부해 나가자."

소크라테스의 명언 '나는 내가 모른다는 사실을 알고 있다'를 방불

케 하는 용기 있는 발언이다. 《논어》의 〈위정편〉에도 '아는 것을 안다고 하고, 모르는 것을 모른다고 하는 것, 이것이 곧 아는 것'이라는 말이 있다. 현인들의 말은 동서양을 막론하고 다르지 않다.

당시 나는 노교수가 말하는 그 문제점을 잘 이해할 수 있었다. 동시에 공정하고 학문적인 자세로 본질을 꿰뚫어보는 솔직하고 용기 있는 발언에 감명을 받았다. '한국은 경제도 정치도 발전할 것임에 틀림없고, 더불어 일본관도 교수가 강의한 방향으로 진전될 것'이라고 20대의 나는 기대했었다.

같은 1985년경, 서울대 외교학과에서 함께 석사과정을 밟고 있는 친구가 존경하는 선배가 인쇄 공장에서 일한다면서 나를 데려갔다. 서른이 좀 넘었을까. 지금 생각해보면 지하활동가가 아니었나 싶다. 인쇄 공장에서 그는 이렇게 말했다.

"일본 사람은 우리와 많이 다르다. 먹은 음식이 맛있다고 하자. 우리 한국인은 '아, 맛있다' 하고는 그만이다. 그런데 일본 사람은 바로 연구에 들어간다. 재료가 뭐고 조리법은 어떻게 되는지를 연구한다. 그런 노력이 거듭돼서 지금의 번영한 일본이 있는 것이다."

반정부 지하활동가. 사상적으로 말하면 가장 좌익이었을 테지만, 일본을 바라보는 시각은 지적이었다. 외국이나 인접국에 대한 정확한 이해는 좌우를 불문한 것이다. 그는 자국에 대한 문제의식은 물론 이웃 나라에 대한 객관성도 강렬하게 표현하고 있었다.

그로부터 2년 후 미국 연수 중, 한 리셉션에서 한국의 유엔대사에게 인사할 기회가 있었다. 그 대사는 이시가와 다쿠보쿠의 하이쿠 중 '일하고 일해도 형편은 나아지질 않네. 물끄러미 손을 들여다본다'라는 구절을 유창한 일본어로 읊은 뒤 "우리 한국 사람이라면 어땠을까? 생활이 힘들면 술을 마시고, 누군가의 험담을 하면서 사회를 탓했을 것이다. 그런데 일본인은 다르다. 자신을 들여다볼 줄 아는 것이다"라고 말했다.

서울 올림픽 조금 앞서, 한국에서 '일본 속의 한국 문화를 찾아서'라는 주제로 규슈로 방문단이 찾아왔다. 대규모 방문단은 드문 시절로, 귀국 후 KBS TV에서 좌담회를 열어 일본에 다녀온 인상을 이야기하는 자리가 마련되었다. 그런데 이 자리에서 중년 남성들이 '왜놈'이라는 비속어를 써가며 "일본 따위 눈여겨볼 것도 별로 없었다" 등 일본을 얕잡아보는 발언을 계속했다. 그러자 대학생 정도로 보이는 젊은 여성이 그런 분위기를 깨트렸다.

"일본에 남아 있는 한국 문화를 보러 갔는데, 정말로 인상이 깊었던 것은 집안 어른들에게서 들었던 이야기와 실제 일본이 아주 달랐다는 것이다. 일본은 발전해 있었으며, 거리도 깨끗하고, 사람들은 친절했다"고 말했고, 이를 계기로 일본에 관한 긍정적인 이야기가 계속 나왔다.

《벌거숭이 임금님》과 비슷한 이야기가 아닐까? '일본에 관한 것이라면 부정하지 않으면 안 된다'고 하는 공식론. 어른들의 거짓말투성이의 이야기를 밀어내고, 젊은이가 진실을 말하기 시작한 것이다. 이 이야기는 당시 한국에 주재하던 일본대사관 선배에게서 직접 들은 내용이다.

생각해 보면, 진실한 말을 방해하는 '공기'는 언제나 있어 왔다. 하지만 80년대 중후반, 서울대학교와 TV 프로그램뿐만 아니라 한국의 이성과 합리성이 '공기'를 이기는 장면이 드물지 않았다.

1990년대 말
한국의 일본관

내가 한국을 두 번째로 찾은 것은 1998년이었다. 이 해에 성립된 '한·일 공동선언'을 기억하는 독자도 있을 것이다. 김대중 대통령 방일 중, 김 대통령과 오부치 게이조 총리가 합의한 '한·일 공동선언 - 21세기를 향한 새로운 한·일 파트너십'은 지금도 유효한 한·일 정상 간의 가장 기본이 되는 외교문서 중 하나다. 나도 이 선언문을 위한 사전 교섭 때 말석에 있었다.

한·일 파트너십 선언에서 양국은 상대국을 서로 높이 평가했다. 그중 한국이 일본을 평가한 것은 다음의 네 가지로 요약해볼 수 있다.

- 김대중 대통령은 오부치 총리의 역사 인식 표명을 진지하게 받아들이고, 이를 높이 평가했다.

- 김대중 대통령은 전후 일본이 평화헌법 하에서 구축한 전수방위 및 비핵 3원칙을 비롯한 안전보장 정책과 함께, 세계 경제 및 개발도상국에 대한 지원 등 국제사회의 평화와 번영에 기여해온 역할을 높이 평가했다.
- 김대중 대통령은 유엔을 비롯한 국제사회에서의 일본의 역할과 공헌을 인정하고, 앞으로도 일본의 이같은 역할과 공헌이 증대되어갈 것에 대한 기대를 표명했다.
- 김대중 대통령은 일본에 의한 이제까지의 금융, 투자, 기술 이전 등의 다방면에 걸친 대한국 지원을 평가했다.

김대중 대통령의 모습은 신선했다. 일본의 금융 지원에 대해서는 고맙다고 분명하게 표명했고, 한국 내에서 반대 여론이 심했음에도 불구하고 일본 문화 개방에 대해 결단을 내렸다. 한국에 돌아와서는 "우리는 일본을 잘 알고 있다고 생각하지만, 우리가 모르는 일본이 있다"라고 하며 한·일 관계를 긍정적으로 구축할 것임을 제시했다.

김대중 대통령의 방일은 일본의 한국관을 대폭 개선시켰고, 그의 모습은 '용기 있고 공정하고 솔직한 정치 지도자'로 비쳤다. 많은 사람들이 드디어 합리적인 토대 위에 양국의 만남이 이루어지는 새 시대가 왔다고 생각했다. 과거 88서울올림픽으로 인한 한국어 붐에 필적할 만큼 한국에 대한 인식이 대폭 개선되었으니 말이다.

김대중 대통령은 개인적으로 일본에 대해 좋은 경험만 있지는 않았을 것이다. 그러나 중요한 점은 한·일 관계가 한국의 국익에 얼마나 중요한가를 깊이 알고, 또한 정치력도 있었다는 것이다. 이 중요한 관계가 더 이상 과거에 얽매여서는 안 되며, 국내에서 자신의 인기가 잠시 떨어진다 해도 한·일 관계를 긍정적으로 진행시켜야 한다는 것에 사명감을 가졌던 것으로 생각된다. 또한 그것을 수행할 만한 정치적 기반도 있었다.

김대중 대통령의 방일은 커다란 성과를 가져왔다. 한국에서의 단계적인 일본 문화 개방, 일본 영화 〈러브 레터〉와 J팝, 일본 드라마나 애니메이션의 인기, 그리고 한국 영화 〈쉬리〉의 일본에서의 히트. 이 분위기는 월드컵 공동 개최에서 한류 붐으로 이어진다.

한 가지 이야기를 더 해보겠다. '한·일 공동선언'이 있은 다음 해인 1999년, 나는 주한 일본대사관 정치부의 일등 서기관으로 근무하고 있었다. 한 20대 중반의 젊은이로부터 편지가 왔다. 그는 서울의 유명 대학 총학생회 간부였다. 조금 길지만, 본질을 날카롭게 꿰뚫는 분석이어서 인용해 보겠다.

"미치가미 씨가 한·일 간의 역사문제에 대해 당당하게 이야기하는 모습이 매우 인상적이었습니다. 한국은 보수와 진보를 막론하고 민족주의가 항상 주류입니다. 특히 한국의 민족주의는 일본을 대할 때 비이성적으로 팽창합니다. 한국인에게 일본과의 관계는 선과 악의 구조입니다. 독도가 한국 땅이라는 사실은 수학의 공리처럼 자명한 것이므로 증명이 필요하다는 발상 자체가 불순하다고 여깁니다. 한국인에게 있어 일본은 한국을 성숙시키지 못하게 하는 구실이었습니다. 한·일 월드컵에 대해서도 한국은 애초부터 단독 주최는 불가능하다고 알던 사람들도 막상 한·일 공동 주최가 결정되자, 한국만으로 할 수 있는데 왜 일본에게 양보했느냐며 아쉬워했습니다. 제 주위의 꽤 합리적인 사람들조차 일본과 관련된 문제에서는 합리적일 필요가 없다는 태도가 엿보입니다. 이것이 한국인이 지닌 일본관의 현주소입니다."

이는 '무언가 불만이 있으면 일본을 탓하며 카타르시스의 도구로 삼는다. 이래서는 한국은 성장할 수 없다. 한심하다. 이런 불합리하고 수준 낮은 짓은 그만두자'라는 외침이다.

이런 외침은 비단 젊은 사람뿐만이 아니었다. 한일협회 부회장을 지낸 김용현 씨는 말한다. "국가 간에도 개인 간에도 애증과 친소는 상관관계가 있다. 상대방이 나를 싫어하고 멀리하면, 나도 상대방을 싫어하게 되는 것이 당연한 이치다. 과거의 극단적인 대일 감정을 자제하자. '반일'이 곧 '애국'이라는 생각을 과감히 떨쳐내지 않으면 안 된다."

이런 자기비판의 목소리는 당시보다 한참 더 시대를 거슬러 70년대에도 있었다. 길현모 서강대학교 교수는 이렇게 지적했다.

"오늘날 우리나라에서는 이미 전 시대의 신화처럼 퇴색해버린 문화의 고유성과 문화의 순수성에 대한 숭상이 새로운 활기를 얻어 팽배하고 있으며 외래 문화를 국적 없는 문화로서 배척하는 국수주의적 경향이 급격히 대두되고 있다. 그러나 문화의 배타성과 폐쇄성은 언제나 문화의 불모, 문화의 자살을 향한 첩경임을 알아야만 한다.

　민족정신론자들이 상용하는 또 하나의 방법은 해당 민족이 이룩한 역사상의 두드러진 업적과 인물들을 모두 민족정신의 구현이라고 주장하는 방법이다. 플라톤과 아리스토텔레스가 그리스인들이었다고 해서 오늘날의 그리스인들의 철학적 자질이 특출하다고 보아주는 사람은 없는 것이며, 코페르니쿠스가 폴란드인이었다고 해서 그것으로서 폴란드인의 탁월한 천문학적 자질이 증명되는 것도 아니다. 역사에 있어서 보다 중요한 것은 기원이 아니라 변화와 발전의 과정인 것이다."
(〈민족과 문화-문화 방향의 도착(倒錯)〉, 《월간중앙》, 1974. 1)

　일본은 좁은 '민족'에 사로잡혀 잘못된 길을 걸은 역사를 가지고 있다. 어떤 일본인이라 해도 길 교수의 40년 전 지적에 깊이 수긍하고, 한국에 있는 독선적인 '민족'관을 걱정할 것이다.

　안타깝게도 김대중 대통령 시절 일본인에게 자리 잡은 한국의 이미지는 그 뒤로 점점 퇴화되었고, 일본인은 한국에 대해 고개를 갸웃거리는 일이 점점 많아지게 되었다.

2010년대
한국의 일본관

1998~2000년 서울의 일본대사관에서 일했던 나는 베이징과 도쿄에서 10년 넘게 근무하고 다시 한국으로 돌아왔다. 한국 땅을 밟은 것은 이것이 세 번째로, 2011~2014년 다시 대사관에서 근무했다. 다음에 소개하는 이야기들은 그 시절에 내가 겪은 일들이다.

어느 날 서울의 전통 있는 한 사립대학의 부총장이 강연에서 "어쩌다 한국은 이상한 나라가 돼버렸다. 중국과 교류가 있다고 하면 찬사를 보내고, 일본과 교류가 있다고 하면 눈을 흘긴다. 이래서야 되겠는가. 우리 대학은 앞으로도 일본과의 교류를 계속 추진할 것이다"라고 말했다.

비슷한 시기에 나는 서울의 한 국제 정치학 심포지엄에 초대되었다.

'미들 파워 외교'라는 주제였는데, 네덜란드, 한국, 호주, 캐나다 그리고 일본이 '미들 파워'로 규정돼 있었다. 한 서양인 친구가 이 사실을 알고는 놀라며 말했다. "일본이 미들 파워라고? 누가 그래? 아무래도 한국인인 것 같군. 일본을 축소해서 보고 싶은 거겠지."

나는 당일 준비한 발표를 하고 난 다음, 이 이야기를 전했다. 주최자는 당혹해하며 변명했다.

일간지에 실린 칼럼을 보자.

"제2차 세계대전 중 1945년 2월에 독일 드레스덴이 불에 탔고, 6개월 후 일본 히로시마와 나가사키에 원자폭탄이 떨어졌다. (중략) 이들 폭격은 신의 징벌이자 인간의 복수였다. 히로시마와 나가사키는 일본 군국주의에 희생된 아시아인의 복수였다. 특히 731부대 생체실험에 동원된 마루타의 복수였다. 하지만 일본은 제대로 변하지 않고 있다. 마루타의 비명이 하늘에 닿은 것인가. 머리가 잘렸던 난징의 중국인처럼 일본인도 고통 속에서 죽어갔다. 20여만 명이 죽었다. (독일과 비교해 일본, 아베 총리를 비판한 뒤) 일본에 대한 불벼락이 부족하다고 판단하는 것도 신의 자유일 것이다." (《중앙일보》, 2013. 5. 20)

한순간에 몇만 명을 살해한 원폭이 마치 일본의 숙명인 것처럼 쓰고 있다. 이는 누가 봐도 도가 지나친 극단적인 주장으로, 어느 한국 지인이 말했다. "731부대 생체실험이 인류의 비극이면 원폭 투하도 마찬가지다. 피폭자가 이 글을 어떻게 볼 것인가." 기사가 나간 뒤 일본 국민(히로시마, 나가사키 등)과 정부, 그리고 한국 안에서도 비판이 잇따랐다.

중앙일보사는 '비판을 무겁게 받아들인다'는 발표를 했다.

이 기사는 최근 한국의 사회적 풍조와 일본관을 어느 정도 보여준다고 생각한다. 즉, 한국과 일본을 전형적인 선악 구도로 보는 시선이다. '일본은 악의 집단으로 세계의 양심은 모두 일본을 비난하고 있다. 일본은 역사적 사실에서 눈을 돌리고 있으며, 정의의 사자인 우리는 신과 같은 입장에서 엄격하게 단죄할 것'이라는 생각으로 모두에게 박수를 달라고 하는 심리가 아니었을까? 물론 박수는 돌아오지 않았다. 한국의 양식, 세계의 양식은 이 주장을 불허했다.

이런 독단으로는 전후 일본이 진심으로 전쟁을 미워하고 평화국가로서 다시 일어섰다는 사실을 도저히 깨닫지 못할 것이다. 히로시마와 나가사키의 원폭 피해 참상은 유럽, 중동, 아시아를 비롯하여 각국에 널리 알려져 있다. 이 기사의 필자는 초심으로 돌아가 원폭의, 아니 전쟁의 참상에 대해 그리고 인간성이 무엇인가에 대해 배워야 하지 않을까 싶다.

같은 시기에 서울의 저명한 연구소에서 정치학의 권위자로 불리며 국회의원도 역임한 전 서울대 교수가 강연하는 중에, 일본인을 번번이 '왜놈'이라고 말한 일이 있었다. 나는 이 이야기를 당시 강의실에 있었던 일본인 친구에게서 들었다. 그 교수는 강연장에 일본인이 있는 줄 몰랐던 모양이다. 주목할 점은 그냥 '일본인'이라고 해도 될 것을 '왜놈'이라고 지칭하는 저명 학자가 있으며, 그것을 막지 않는 '공기'가 21세기 한국에 있다는 것이다. 앞서 소개한 '일본을 바로 알고 제대로 공부하자'고 설파한 서울대 노교수(67쪽)가 들었다면 깊이 탄식하지 않았을까.

위의 이야기와 대조적인 내용도 소개해 보겠다. 박정희 대통령도 조언을 구했던 한국 정계의 거목 최서면 국제한국연구원장이 일본대사관 문화원에서 개최한 심포지엄에서 이런 이야기를 했다.

"예전에 신문기자들이 김구 선생에게 이렇게 질문했다. '친일파 처단은 어떻게 해야 합니까?' 그러자 김구 선생이 대답하셨다. '민족에 대한 배신은 용서할 수 없지만, 친일이란 어떤 말인가. 일본과 친하다는 뜻이 아닌가. 이웃나라와 가깝게 지내는 것은 좋은 일이다. 그런 친일파는 많으면 많을수록 좋다'라고."

하지만 이런 목소리는 극히 작고 적다.

공기에 따라 움직이는 한국의 정치

근래 들어 한국에서는 '공기'가 정치와 연결되는 예가 많아졌다. 일본 모 신문의 서울 지국장에게서 들은 이야기다. 어느 고참 정치인이 공개된 장소에서 일본에 대한 강경 발언을 했다. 이 지국장은 오랜 세월 알고 지낸 그 고참 정치인을 찾아가서 물었다. "의원님, 그건 좀 심한 말씀 아닌가요?" 그러자 그 의원은 "아니, 선거용이야, 선거용" 하며 웃어버렸다.

그 의원은 자신의 발언이 부적절하다는 것을 내심 알고 있었던 것이다. 하지만 '어쨌든 일본은 때려주고 봐야 한다'는 '공기'에 편승해 버렸다.

어느 나라에서도 정치인들 심리에 '인기'나 '표'가 작용하는 일이 있다. 그러나 그것에 그냥 휩쓸릴 것인지 아니면 인기가 좀 떨어지더라도 바른 행동을 취할 것인지, 어느 쪽이 더 많은가에 따라 국가의 흥망성쇠가 판가름난다. 이를 꼭 마음에 새겨두어야 할 것이다.

그러고 보니 나 자신에게도 비슷한 경험이 있다. 야당 의원을 의원회관으로 만나러 갔을 때의 일이다. 그 의원은 내게 "일본대사관 행사에 국회의원이 참석하는 건 기대하지 않는 게 좋을 겁니다. 표에 신경을 쓰니까요. 전에 자위대 리셉션에 참석한 의원이 인터넷에서 심하게 공격당한 일이 있거든요"라고 말했다.

본래 우방의 대사관 행사에는 서로 당당하게 참석하는 것이 당연하다. 그에게서는 '이래서는 안 되는데…' 하는 문제의식을 느낄 수 없었다. 공기에 의해 움직이는 모습은 한국 정부에게서도 찾아볼 수 있다. 2014년 1월 24일 한국 외교부에서 발표한 성명이다.

"일본 정부가 이처럼 공허한 주장과 헛된 시도를 계속하는 것은 일본이 아직도 제국주의의 망령에서 벗어나지 못한 것을 스스로 만천하에 증명하는 것이다."

'제국주의의 망령', '공허한 주장과 헛된 시도'. 이것이 주간지나 신문 혹은 북한의 선동 기사도 아닌, 한국 정부의 공식 코멘트인 것에 경악한다. 별로 놀랍지 않다면 이것이 과연 괜찮은 것인지 잘 생각해보기를 바란다.

앞서 말했지만 나는 1998~2000년, 김대중 정권 시대에 주한 일본 대사관 정치부에서 근무했었다. 그때도 물론 여러 가지 현안에서 입장 차이가 있었으나, 한국 정부가 이처럼 감정적으로 표현한 일은 없었다.

앞서 언급한 '우리는 실은 일본을 잘 모른다'(67쪽), '선과 악이 아니고, 합리적으로 일본을 보자'(73쪽)라고 한 이후로 각각 30년, 15년이 흘렀다. 그때와 비교해 보면, 한국의 일본관이 크게 퇴보한 것을 느낄 수 있다.

일본에 있어서의 한국의 이미지는 '한류' 붐으로 조성된 친근한 이미지에서 최근 4~5년 사이 급속히 악화되었다. 일본인을 화나게 하는 한국의 말과 행동이 연이어 나왔다. 한국에서 지칭하는 일본의 '양심파', '시민파'를 포함해 많은, 아니 대부분의 일본 사람들이 "한국은 대체 어떻게 된 거냐? 왜 그렇게 모르는 거냐?"라고 분개하며, "한국은 합리적인 이야기를 할 수 없는 나라가 돼버렸다. 한국을 내버려 두자"라고 말하고 있다. 하지만 그런 여론조차 '우경화'로 볼 뿐, 한국에는 제대로 소개·분석되지 않는다.

한·일 간에 대립되는 현안이나 의견들이 올라오면 '일본이 나쁘다'라고 하는 '무조건적'인 반응은 내 기억 속에 있는 30년 전의 한국에 비해 오히려 더하다.

이 상황의 근본적인 원인은 한국 측이 이 같은 발언, 일본이 '대체 이것은 어느 나라의 말인가?'라고 놀랄 만한 표현을 사용하기 시작한 데 있다. 전후의 일본이 어떤 나라였는지에 대한 한국의 인식이 실제와 큰 차이가 있음을 보통 일본인들이 알게 되었다.

분위기에 편승한 한국의 언론들

내가 실제로 한국에서 살았던 1984~1986년, 1998~2000년, 그리고 2011~2014년의 세 시기를 비교해 보면, 제1, 2시기보다 제3 시기에 '공기'의 압력이 더 커졌다.

나는 주한 일본대사관에서 근무하는 동안 번번히 신문에 기고하며, 보도에 잘못 나타난 일본 이해에 대해 이의를 제기하곤 했다. 그런데 마지막 제3 시기에는 그러한 이야기가 통하지 않게 되었고, 신문 투고가 점점 게재되기 어려워졌다. 일본에 관한 한 '자유로운 언론 공간'이 좁아진 것이다. 다음 사례를 봐주기 바란다.

일부 일본인에게서 보이는 헤이트 스피치(hate speech)는 한국에도 상세히 보도되었다. 헤이트 스피치란 특정 인종이나 국적, 종교 혹은 성별 등을 가려 타인에 대한 증오를 선동하는 비방을 말한다. 이와 관련해 2013년 5월 7일 국회에서 아베 총리가 이렇게 말했다.

"일부 일본인에게 보이는 국가나 민족을 배제하려는 언동은 매우 유감이다. 일본인이 소중히 여겨온 관용과 조화의 정신 그리고 겸양을 다시 한 번 보고 싶다. 타국 사람들을 비방중상하며 마치 우리가 우월한 것처럼 인식하는 것은 큰 잘못이다. 결국은 스스로를 욕보이게 된다."

이를 한국의 유력 신문사 간부에게 이야기했다. 하지만 돌아온 대답은 이랬다.

"음, 미치가미 공사가 말씀하시는 뜻은 알겠는데, 이런 내용을 기사로 내더라도 먹히질 않아요."

나는 많은 신문사의 논설위원, 편집국장, 부장, 일선의 여러 기자들과 자주 만나 의견을 교환했다. '이 기사는 사실과 다르다' 혹은 '일본의 이런 내용을 보도하면 어떻겠습니까?'라는 식의 개인적인 지적이나 제안을 했다.

한국에서 일본의 헤이트 스피치를 비판하는 보도는 많았다. 사실을 보도한 이상 그것이 문제될 것은 없다. 하지만, 그렇기 때문에 당사국인 일본 총리가 국회에서 자기 자신의 생각을 분명히 말한 것은 아주 중요한 것이 아닐까? 아베 총리가 헤이트 스피치를 명확한 말로 비판했다는 사실이 한국의 일반적인 이해에 어긋나는 일이었기에 기사로서의 가치는 더욱 컸을 것이다.

하지만 한국이 주목하고 있는 사안임에도 불구하고 '독자에게 먹히지 않는다'는 이유로 언론은 이 중요한 사실을 보도하지 않았다. '사악한 일본'의 이미지를 드러내는 것이었다면 아마도 경쟁적으로 보도했을 것이다. 일본에 관한 보도는 사실보다는 '공기', '정서'에 따라 취사선택하는 극명한 예다.

일본에는 한국인의 일본관에 대해 '낮에는 반일, 밤에는 친일'이라는 말이 있다. 한국에 대한 식민지 지배 탓에 갖게 된 반감에 대해서는 일본인 누구나 알고 있다. 미안한 마음이 일본인에게는 있다. 문제는 그 다음이다.

낮의 공식 석상에서는 주먹을 쥐고 일본을 규탄하고 일본이 '악'인 것처럼 말하는 한국인도 대부분 사실 일본의 좋은 점을 잘 알고 있다. 때문에 밤이 되면 친한 친구 사이처럼 진심으로 일본을 높이 평가하며 합리적으로 이야기한다. 이러한 양태는 꽤 오래전, 아마도 60년대부터 실제로 많이 볼 수 있었다.

혹시나 해서 부언하면 여기서의 '친일'은 본래의 의미 그대로 이웃 나라에 우호적이고 친근감을 느낀다는 뜻이지, 일본에 아부하고 추종 한다는 의미는 아니다. 앞에서 언급한 80년대의 사례(67쪽)는 '합리적 인 일본관'이 '낮'의 세계에서도 나왔던 예라고 할 수 있다.

그런데 그 후로 한국의 일본관은 어떻게 변해왔는가. 관광이나 문화 교류를 통해서 긍정적인 움직임도 많았다. 그러나 유감스럽게도 신문 이나 정치 같은 '공공의 공간'에서는 한국의 일본관은 오히려 퇴보했 다. 일본에 반감이 있다 해도 시간과 함께 극복하고, '낮에도 밤에도' 합리적이 되리라고 일본인은 기대했었다. 그러한 기대는 자연스럽고 합리적인 것으로, 국제사회도 그렇게 기대했을 것이다. 그러나 세기가 바뀌어 10년 이상 지난 지금 뒤돌아보면, 결코 그렇게 되지는 않았다.

왜일까. 한국이 발전을 거듭하는 동안 어느덧 자신감이 과잉되어, 일 종의 대국의식으로 일본을 하찮게 보게 된 것일까? 그런 점도 있겠지 만 그것이 전부는 아니다. 이런 현상은 대국의식과 소국의식, 자신감 과잉과 불안 그리고 무엇보다도 중국이라는 요인을 눈여겨보지 않으면 제대로 파악할 수 없다.

한국의 정론은 어디로 갔는가?

한때 민주국가로서의 체제가 아직 정비되지 않았을 무렵의 한국은 정치인, 경제인, 지식인, 관료, 기자 개개인에게 좋은 의미의 긴장감이나 사명감이 있었다. 국가의 시스템은 아직 형성과정에 있었고, 각 개인은 자신의 언동이 국가가 지향하는 방향과 연결돼 있다고 하는 암묵적인 자각이 있었다.

하지만 '민주정부', '국민의 정부', '참여정부' 그리고 이후 두 차례의 보수 정권을 통해 시스템이 커지고 법규가 늘면서, NGO나 인터넷이 발달해 개별 이슈마다에 '민의'가 강하게 주장되는 가운데 시스템의 공백이 메워지게 되었다. 시스템이 거대해지면서 세부에까지 손이 닿게 됨에 따라, 시스템이 자동 처리할 수 있는 범위가 늘어난 것이다.

현재 한국 사회는 거대한 기구나 법 제도 안에 다양한 이해 대립 관계가 복잡하게 얽혀 있다. 일반 국민뿐 아니라 국가나 대기업의 리더도 이런 거대한 시스템 속에서 '적응'하며 살아남기 위해 있는 힘을 다하고 있다. 그러다 보니 기존 시스템에 맡길 수 없는 뚝심 있는 '정론'이 등장할 국면은 줄어들었다. 교육, 복지, 의료, 경제정책 등은 보수 대 진보의 맥락에서 많은 논의가 펼쳐지고 있지만, 일본과 중국에 관해서는 다수의 보도가 있으면서도 핵심적인 논의가 퇴화한 것 같다.

한국이 알아야 할
중국의 참 모습

이제 잠시 중국의 이야기를 꼭 하고 싶다. 한국에서는 일본은 물론이고 중국에 대해서도 정말 알아야 할 핵심적인 사실이 잘못 전달되는 경우가 흔하다. 한·중·일 세 나라에서 근무한 내 경험을 토대로 분석해보겠으니 독자 여러분도 함께 생각해보았으면 한다.

서울에서 어느 중국인과 친분이 생겼다. 한국에 온 지 얼마 안 돼 한글을 전혀 읽지 못하는 그의 이야기는 매우 흥미로웠다.

"서울 시내 집 근처의 구청 체육관으로 탁구를 치러 갔습니다. 말도 안 통하는 나를 모두들 환영해준 건 고마웠지만 '중국은 좋은 나라라서 환영한다. 일본은 좋지 않은 나라다'라고 하더니, '탁구대도 라켓도 중국제를 쓰고 있다, 중국제는 우수하다'라고 하더군요. 나는 '아니 그렇지도 않아요. 이 공은 일본제이고, 중국의 일류 선수도 일본 제품을 쓰고 있어요'라고 답했습니다. 그랬더니 모두들 당황한 표정이었어요."

그는 일본에 대해서도 잘 아는 국제파였다. 한국 사람들의 지나칠 정도의 '열렬한 환영'을 그는 어떻게 받아들였을까. 한국에 대해 높게 평가하지만은 않았을 것이다. 실제로 그는 쓴웃음을 짓고 있었다. 이런 방식이 꼭 중국인의 호감이나 경의를 불러일으키지는 않은 셈이다. '중국은 좋은 나라, 일본은 나쁜 나라'라고 한 부분에서 이미 그는 (아니 통상적인 판단력이 있는 사람이라면 누구든) 고개를 갸우뚱거리지 않았을까.

중국에 있는 건전한 자기비판

2007~2009년 베이징에서 근무했던 나는 당 기관지를 중심으로 여타 신문 보도를 일일이 검토하는 것이 임무 가운데 하나였다. 그런데 근무지에 도착하고서 곧 내 예상과 다른 현실에 적잖이 놀랐다. '중국의 발전은 눈부시다'라는 자화자찬 일색에 일본이나 구미에 대한 비판이 대부분일 것이라고 생각했지만 예상은 빗나갔다. 내가 보고 들은 것을 그대로 소개해보겠다.

● "이른바 민족주의자나 애국자들이 모든 일본인이나 자신과 생각이 다른 사람을 함부로 비난한다. 그러나 과격한 의견을 토로하는 것은 가장 안이한 행위다. 역사를 제대로 이해하지 않고, 구호 몇 개만 외

우고 있으면 되는 일이다. 깊은 생각이나 분석이나 분별력도 없는 그러한 편협하고 경직된 시선으로 역사와 세계를 본다면, 세계의 흐름과 역사의 진실, 민족의 이익에 반하는 것이다."(〈환구시보(環球時報)〉, 2007. 9. 6)

- "만약 우리가 편견과 적의로 가득 찬 눈으로 전후의 일본을 본다면, 중국과 일본 어느 쪽에도 전혀 이익이 되지 않는다. 이런 태도를 깨끗이 버리고, 공정하고 객관적인 시선으로 일본을 봐야 한다."(〈중국청년보(中國靑年報)〉, 2008. 8. 19)

- "일본에는 좋은 복지제도가 있어서 부자도 부랑자도 똑같은 의료 혜택을 받을 수 있다. 분배가 공정하고 서민이 행복하게 살 수 있어야 좋은 국가다. 일본은 있는 힘껏 최선을 다하는 분투 정신으로 몇 차례의 어려운 경제 위기를 잘 극복해냈다. 이것을 막강한 나라라 하지 않으면 어디가 막강한 나라일까. 세계 주요국 조사에서 일본의 국가 이미지는 세계 제일이다."(〈환구시보〉, 2009. 3. 18)

여기에 덧붙여 2012년에 시행한 중·일 간의 민간 여론조사 결과를 소개한다.

- "'중·일 관계의 발전을 저해하는 요인은 무엇인가?'라는 질문에 중국인의 21.3퍼센트가 '중국 국민의 국수주의와 반일 감정'이라고 대답했다. '일본인의 국수주의와 반중 감정'이라는 답(12.7퍼센트)보다 많

았다."(일본 측 〈언론 NPO〉, 중국 측 〈차이나데일리〉)

중국에도('에도'라는 표현이 중국에 실례가 될지 모르지만) 건전한 자기 비판의 정신이 있다. 중국 현지에서 중·일 관계가 원만하지 않은 원인이 중국 측에 있다고 하는 답이 20퍼센트가 넘는 것을 한국인은 어떻게 볼까? 나는 이것이 바로 중국의 강한 면모라고 생각한다.

참고 삼아 말하자면 2015년 5월에 발표된 한·일 공동 여론조사에서 한국인들이 답한 '한·일 관계의 발전을 저해하는 것'으로서, '한국인의 반일 감정'이 16.6퍼센트, '한국인의 역사 인식과 역사 교육'이 15.2퍼센트로 집계됐다. 이 부분에는 한국인의 건전한 자성이 엿보인다. 한편, 같은 조사에서 '일본에 군사적 위협을 느낀다'는 한국인이 58.1퍼센트로 '중국'의 36.8퍼센트를 상회했다. "한국은 일본을 색안경을 끼고 볼 수밖에 없는가? 이 여론조사를 세계 사람들에게 보인다면 모두들 놀랄 것이다"라고 말하는 친구에게 나는 답변할 말을 찾지 못했다.

물리력으로 현상을 일방적으로 바꾸려고 하는 외교, 국가 시스템에 치명적인 문제를 안고 있기는 하지만, 중국 국민 중에는 객관적이고 냉정한 눈과 사고를 가진 사람이 상당수 있다는 사실을 한국이 알았으면 좋겠다.

일본보다 한국에 대해 야유가 많았다

한국과 중국, 양국 간 언론의 자유에 대해서 비교하면 한국 쪽에서 분개할지도 모르겠다. 나도 전체적으로는 중국 쪽이 제약의 폭이 크다고 생각한다. 시류에 따른 흔들림도 매우 크다. 그러나 '중국은 강대한 나라가 아니라 덩치만 큰 나라일 뿐이다. 병적 요인을 안고 있다'와 같은 솔직한 표현이 중국 언론, 그것도 당 기관지에 게재되기도 한다. 내가 근무하던 시절, '들떠서 우쭐대거나 오만하게 굴지 말자'라는 목소리가 신문이나 잡지에 자주 실렸었다.

나는 일본에 대해서도 "공부가 부족한 자유 언론이 '위로부터의 현명한 계몽'보다 항상 낫다는 보장은 없다"라고 지적했다(《일본의 논점》, 문예춘추사, 2012). 자유 민주국가의 모든 학자의 논의나 정부 정책, 기자의 보도가 반드시 우수한 것만은 아니다. 또한, 제약이 있는 국가의 정책이나 논의나 학설이 항상 과녁을 빗나가는 것도 아니다. 일본도 한국도 이를 착각한다면 위험해질 수 있다.

중요한 사안에 있어서, 예를 들어 일본이나 역사문제가 얽힌 갈등에 대해서도, 가끔은 한국보다 중국 쪽이 용감하게 '공기'와 맞서 싸우고, '정서'에 반하여 공정한 의견을 전개하는 경우도 있다. 그것이 '위로부터의 계몽'이라는 색채가 있다 해도, 중국으로서는 현명한 일이고 중국 자신에게 이익이 된다.

"우리는 중국 내에서 굉장히 심한 비판도 받습니다." "가장 학력이 높은 '매국노'라는 소리도 듣고 있습니다." 중·일 역사대화의 멤버인 중국 역사학자가 내게 털어놓은 이야기다. 중·일 간에도 적지 않은 입장 차이는 있다. 하지만 통속적인 이해나 포퓰리즘에 영합하지 않고,

역사적 사실을 제대로 검증해 나가지 않으면 안 된다는 생각은 이 학자도 공유하고 있는 건 아닐까 싶었다.

그런데, 중국의 '우리는 아직 멀었다'라는 의식은 딱히 엘리트층에만 한정된 것은 아니다. 다음 몇 가지 사례를 보자.

첫째, 중국의 인터넷 댓글에서 본 것이다.

'왜 일본 애니메이션을 보는가. 이유는 간단하다. 구미 쪽의 애니메이션은 유치해서 시시하고, 중국 것은 그보다 더 시시하기 때문이다.' '중국에는 문화가 없다. 혹시 옛날에 있었다 해도 일본에 전해줘버리고 이제는 없다.'

둘째, 2011년 베이징에서 일본 문화와 라이프스타일을 소개하는 잡지《지일(知日)》이 창간되었다. 제복, 고양이, 명치유신, 철도, 만화 등 일본의 다양한 면모를 소개하는 이 잡지를 매호 5만~10만의 독자가 구독하고 있다. 잡지의 총 책임편집을 맡고 있는 마오단칭(毛丹青) 주필은 이렇게 말했다. "반일 시위에 7만 명이 모인 것은 사실이다. 그러나 그와 동시에《지일》에 10만 명의 독자가 있다는 사실을 일본에 알리고 싶다. '知日'을 세로로 쓰면 '智'가 된다. 중국 젊은이가 일본인의 생활상을 통해서 그 사상을 아는 것은 큰 지혜가 될 것이다."

셋째, 2008년 베이징올림픽. 어떤 단체경기에서 한·일전이 벌어졌다. 중국 관중석에서 야유(booing)가 몇 번인가 터져 나왔다(물론 좋지 않은 일이다). 그런데 일본보다 한국에 대한 야유가 더 많았다. 중국은 일본을 싫어한다고만 알고 있던 한국 측은 충격이 컸다. 경기 후 중국

주재 한국대사관 간부로부터 왜 일본보다 한국에 대한 반감이 많은지 알아보라는 지시가 있었다.

대중국 관계는 동남아에게 배울 것이 많다

한국은 불과 25년 전만 해도 문젯거리가 산적해 있었지만 이제 피부로 느낄 만큼 성장했다. 다시 말하지만 기본적으로 빠른 성장을 거둔, 소위 잘나가는 나라야말로 '공기를 따라가기만 하면 된다'는 생각에 빠지기 쉽다.

그렇다면 중국은 어떠한가. 중국이야말로 최근 20년 사이에 가장 빠르게 성장한 나라다. 그러나 중국은 한국과 결정적인 차이가 있다. 앞서 말한 대로 '뒤떨어진 나라', '아직 갈 길이 멀다'라는 의식이 강하다는 점이다. 그들에게는 문화대혁명이나 천안문 사건 때의 혼란 등 자국 현대사 속에서 겪은 호된 경험이 뼈에 사무치게 남아 있다. 조금만 삐긋했다가는 하늘이 무너져 내릴 수 있다고 하는 긴장감이, 적어도 중년 이상의 엘리트층 사이에는 많다.

앞(67쪽, 74쪽)에서 보았듯이, 한국에서도 한때 '우리는 아직 멀었다'는 강렬한 문제의식이 지식인들 사이에 있었다. 중국보다 발전 단계가 높은 한국에서 이제는 그런 문제의식을 가질 수 없는 것일까? 그렇지 않을 것이다. 성숙한 사회야말로 다양한 언론에 의한 자기 수정 기능이 가능하리라고 생각한다.

1998년부터 2000년까지 서울에서 근무할 당시, 한·중·일의 관계를 한마디로 말한다면 '중국은 국제사회에 받아들여질 합리적인 방향으로 나가는 것이 바람직하고, 일본과 한국이 협력하여 중국을 그러한 방향으로 이끌어야 한다'는 것이었다.

여당, 야당을 불문하고 어느 신문이든, 또한 학자도 경제인도 정치가도 관료들도 다들 그렇게 말했다. 그러나 2011년부터 최근까지 다시 서울에서 근무해보니 확실히 분위기가 달라져 있었다. 어떤 사람은 솔직하게 말했다. "아니, 물론 지금도 그래야 하는데 드러내 놓고 그렇게 하면 중국이 싫어하지 않을까? 그게 옳다고 해도 일본과 손을 잡는다는 건 분위기상도 그렇고…."

여기에서 보듯 한국의 일본관과 중국관은 마치 동전의 앞뒷면과 같은 것이다.

중국의 거대한 경제력이 중요함은 한국, 일본, 동남아국가연합(ASEAN)뿐만 아니라 미국이나 유럽도 마찬가지다. 내가 우려하는 것은 경제를 넘어 외교·안보에서도 중국에 끌려다니면 한국 자체의 진로나 이익에 해가 되지 않을까 하는 점이다. ASEAN은 압도적인 중국 경제의 영향권 아래 있지만, 외교·안보 면에서는 확실하게 자국의 주장을 펼치고 있다. 나는 이전부터 한국이 ASEAN에게 배울 것이 많다고 지적해왔다.

일본은 중국에 당당히 주장과 조언

그렇다면 일본은 중국에 대해 어떨까? 예를 들어 설명해보겠다.

● 나카소네 야스히로 전 총리가 한·중·일의 전 총리들이 모이는 회합에 참석하기 위해 베이징에 왔었다. 세 나라의 원로 정치인, 현역 정치인, 보도진이 참석한 강연회에서 그는 말했다. "권력이란 무엇을 위해 있는가? 내 생각으로는 권력은 문화에 봉사하기 위해 존재한다. 문화란 곧 인민의 생활이다."

● 미야모토 유지 전 중국대사는 은퇴 후에도 중국에 명확한 메시지를 보내고 있다. "나는 중국의 친구에게 이렇게 말하곤 한다. '중국은 아시아에 패도(覇道)가 아닌 왕도(王道)를 베풀라고. 때로는 대국이 소국에게, 강한 나라가 약한 나라에게 양보하는 왕도가 필요하다. 일본에게는 50 대 50으로도 좋으나, 베트남이나 필리핀에게는 양보하라. 그것이 동양문화다'라고. 중국은 다시금 군사력을 강화할 필요가 없다. 중국은 이미 대국이므로 어느 나라도 중국에 모욕을 가하거나 아픔을 주는 나라는 없을 것이다. 앞으로는 세계에서 존경 받는 나라를 지향하라고 중국에게 전하고 싶다."

나카소네 전 총리가 강연하던 자리에 있던 나는 즉시 알아차렸다. 의심할 것도 없이 그것은 중국에 대한 메시지이며, 비판이라는 것을. '당신의 나라에서 정치는 진정 인민의 생활을 위해서 행해지고 있습니까? 혹시라도 자신들의 자리를 위해 권력투쟁을 하고 있는 것은 아닙니까?'라고. 이런 말을 베이징에서 대놓고 할 수 있는 정치인은 미국 대통령을 포함해 어디에도 없을 것이다.

미야모토 전 대사처럼 중국에게 진심에서 우러나오는 메시지나 조언을 전할 사람이 한국에는 없을까. 한국에도 '중국통'은 있다. 아시아와 중국의 미래를 걱정하는 사람이 한국에도 있으리라고 기대한다.

말미에 덧붙여 말하자면, 나는 한국의 일본관에 대한 불만으로 이 책을 쓰고 있는 것은 아니다(독자들도 이미 눈치 챘을 것이다).

한편으로는 '우리는 아직 멀었다'라고 개탄하던 1980년대의 한국. 그런가 하면 자신들 입맛에 따라 '중국, 일본, 안전문제'의 단편들을 자기에게 편한 대로 연결하고, 중국도 일본도 위에서 내려다보는 2010년대의 한국. 어느 쪽이 발전해 가는 모습일까. 어느 쪽이 바람직하고 유리한 길일까. 1980년대에서 좀 더 거슬러 올라가, 박정희 대통령과 함석헌 선생이라는 정치적으로 대립하는 두 사람도 모두 한국사에 대한 견해는 엄격했다는 사실을 상기한다.

물론 시대가 달라졌고, 외국인인 내가 한국인의 한국 사관을 운운할 생각은 추호도 없다. 다만 '우리는 무엇이든 일등'이라는 자화자찬식의 오만함(일본을 포함해 어느 나라에도 있지만)이 존재하며, 그것이 건전치 못한 '공기'의 형성을 돕고 있음을 알았으면 한다.

'중국, 일본, 안전문제'에 대해 자신에게 유리한 면을 조합하는 것은 당장 오늘을 이끌 수 있을지 모르지만, 중장기적으로는 손해가 될 뿐이라 생각한다.

3장

현대 한국의
정치·사회
심리 분석

사람들은 나를 '별난 외교관'이라고 한다. 내가 부임지 한국에서는 한국인의 귀에 거슬리는 지적을 하고, 본국인 일본에서는 일본에 대해 때때로 쓴소리를 하기 때문인 것 같다.

'외교사령(外交辭令)'이라는 말이 있다. 외교관이란 누구에게나 듣기 좋은 말을 하는, A씨에게나 B씨에게나 들어서 좋아할 말만을 하는 것처럼 여겨지는 듯하다. 물론 사교성과 배려심은 필요하다. 그러나 외교관은 먼저 본국에 대해, 다음은 부임지에 대해 좋든 싫든 제언이나 조언을 하는 것이 직무라고 생각한다. 아니면 의미가 없다. 나라나 시대를 불문하고 성실한 외교관이 해왔던 일을 나 자신도 부족하나마 해나갈 것이다.

앞서 1장과 2장에서는 한국인의 '공기'와 일본관, 중국관에 대해 기술했다. 특히 일본관에 대해서는 나 자신이 보고 들었던 지난 30년간의 변화에 대해 더듬어 보았다. 본장에서는 최근 일본관의 사례를 들어 현대의 정치 심리를 분석해 보고, 아울러 한국의 역사관에 대해 생각해 보겠다.

주관론에 따라
움직이는 한국인

2013년, 서울의 한 고등학교 선생이 학생들에게 1965년의 한·일조약이 일본의 강제에 의해 체결되었다고 가르치는 현장을 본 일본의 대학 교수가 있었다. 혹시나 해서 말해두지만 1905년이나 1910년의 조약이 아니다.

이 이야기를 들은 일본인의 반응은 둘로 나뉜다. 한국에 살아본 적이 없는 사람은 "일본에 대해 그토록 관심이 높은 한국이 설마 그런 착각을 할 리가 없다"라고 한다. 한편 한국에 살면서 한국어를 알고 한국 친구가 많은 사람은 "요즘의 한국이라면 그럴 수 있지"라고 한다.

국제법 지식을 운운할 필요도 없다. 1965년 한·일조약 체결에 이르는 과정에서 일본의 야당과 여론, 특히 언론이나 지식층에서는 반대가 심했다. '한국만 지원하면 북측이 불리하게 된다', '분단을 고착화하게 된다', '전쟁에 휘말릴 우려가 있다'라는 반대론이 강했다. 당시 일본은 사회주의 국가에 대한 이상화가 학생이나 식자층에 높았다. '한국전쟁은 한국 쪽에서 시작했다'는 주장이 민중의 의식에 강하게 자리 잡았던 시대이기도 했다. 그러나 정부는 반대론을 제치고 한국 지원에 나섰다.

이상은 한·일 관계의 기초 중 기초 상식으로 전에는 누구나 알던 사실이지만, 이제 한국에는 그 사실을 아는 사람이 점점 줄어들고 있다.

20세기 후반의 한국은 미국의 식민지도 일본의 식민지도 아닌 독립된 국가였다. 어엿한 두 국가가 협상 끝에 합의하고 맺은 조약을 '강제된 것'이라고 말하는 자체가 부끄러운 일이 아닐까. 국가 간의 약속도 나중에 돌이켜서 마음에 들지 않으면 '강제된 것'이라고 한다는 말인가. 국제 관계에서는 상대가 어느 나라더라도 상대국의 입장, 관련국들의 입장을 감안한다. 당연한 일이다. 박정희 대통령이 살아 있다면 뭐라고 할까. "최소한의 자존심도 없는 국민이 나타났다"라고 한탄하지는 않을까.

일본이 "대체 한국은 왜 그래?" 하며 놀라는 것도 무리는 아니다. 같은 무렵, 외무성 선배를 깜짝 놀라게 한 일화를 소개해 보겠다.

"한·일 관계에 대해서 강연을 했는데, 한국의 어떤 식자가 '일본은 남북 통일에 대해 소극적인데, 그 이유를 밝혀 달라'고 하더군요. 정말 놀랐어요. 미치가미 공사, 한국은 아직도 그래요? 전에는 확실히 그런 오해가 있어서 '아닙니다, 일본 정부는 항상 통일을 바라고 있습니다. 물론, 한국 주도에 의한 평화적인 통일을요. 그 입장에는 변함이 없습니다'라고 대답했었지요. 그런데 아직도 모른다는 것은 뭐지요?"

그렇다. 이 경우도 역시 '일본은 이럴 것이다'라면서 사실 확인도 하지 않은 채, 지레짐작으로 간주해 버리는 예다. '역사를 반성하는 일본'과 마찬가지로 '통일을 지지하는 일본'도 입맛에 맞지 않는 진실이란 말인가.

이상의 두 사례에 대해 극단적으로 무지한 예만 든다고 하는 독자도 있을 것이다. 서울 주재 중에 (예외적이긴 하나) 공정하고 용기 있는 기사가 전혀 없었던 것은 아니다. 여기에 두 가지 예를 들어 보겠다.

● "'일본? 일단 조져!'를 반복하는 무분별한 일부 한국 언론의 행태는 아무리 좋은 방향으로 생각하려 해도 지나치다. 사실에 입각한 적확한 비판이 아닌 무차별적인 일본 때리기는 보통 일본 국민을 '반한'으로 만들 뿐이다." (《중앙일보》, 김현기 도쿄 총국장, 2013. 8. 24)

● "일본이 독일과 다르게 행동하는 것은 그 상대가 한국이기 때문이다. 일본 문제를 근본적으로 해결하는 방법은 우리가 더 합리적이고 신뢰받는 나라, 달리 말하면 영국과 프랑스 같은 나라가 되는 길뿐이다. (중략) 1965년 6월 22일 한·일은 청구권 협정을 통해 청구권 문제는 '완전히, 최종적으로 해결된 것으로 확인한다'고 합의·서명했다. 그런데 최근 우리 법원이 일본에 또 배상하라고 판결했다. 우리가 일제에 당한 피해가 다른 나라보다 훨씬 큰 것은 사실이지만, 국제사회

는 우리를 상황에 따라 국제적 약속까지 뒤집는 나라로 볼 것만 같다."
(《조선일보》, 양상훈 논설위원, 2013. 11. 13)

　　나는 이들과 같은 의견은 아니지만 단순한 '선악론'에서 벗어난 그 식견과 용기를 높이 평가한다. 앞서 말한 TV 좌담 프로그램의 예(69쪽)에서도 알 수 있듯, 어느 시대나 진실을 말하는 것을 막는 '공기'의 압력은 있다. 또한 이를 깨부수는 용기와 공정한 식견 역시 어느 시대에도 있다(독일과 이웃나라가 어떻게 과거를 극복하고 서로 신뢰를 구축했는지에 대해 225쪽을 참고하기 바란다). 양 논설위원의 지적과 관련해서 호소야 게이오대 교수는 다음과 같은 취지로 지적한다. 보다 큰 역사적 관점에서 핵심을 짚었다고 생각한다.

　●　"1648년까지의 유럽 30년 전쟁을 거치면서 근대 국제법이 탄생했다. 그것은 리버럴리즘과 관용의 정신에 큰 기원이 되었다. 역사적으로 전쟁의 가장 큰 원인은 복수다. 유럽에서는 복수심의 불길을 잠재우고 전쟁을 막기 위해서 사죄와 관용의 패키지(묶음)를 창출했다. 그러나 아쉽게도 이 사죄와 관용의 원리가 아시아에는 결여돼 있는 듯하다. 제2차 세계대전 후 독일의 사죄는 유럽의 오랜 역사 속에서 유럽 전체를 시야에 두고 바라보는 편이 타당하다. 독일의 사죄와 동시에, 영국과 프랑스 등에서 보이는 관용의 정신이라는 것이 하나의 패키지를 이루고 있다." (야쿠시지,《격론 내셔널리즘과 외교》, 2014)

일본과 구미에서 오래 산 어느 국제파 지인에게 이런 이야기를 들었다. "상대의 생각을 읽을 때 일본인은 객관론적 입장을 취하고 한국인은 주관론적 입장을 취합니다. 일본인은 글이나 말의 한 자, 한 구절을 꼼꼼히 분석해 상대의 의도를 파악하려 합니다. 우리 한국인은 이와 다릅니다. 이 사람(조직)이 원래 어떤 입장과 의도를 지녔는가, 하는 겉으로 드러나지 않은 부분을 먼저 생각하고 상대방의 말이나 글은 꼼꼼히 살피지 않는 편이지요."

확실히 그런 경향은 있다. 그는 양쪽에 각각 장점이 있지만, 본질을 더 잘 파악하는 것은 한국 쪽이라고 말하고 싶었던 듯하다. 나는 그에게 이렇게 말해주었다.

"그런 주관론으로는 상대방을 파악 못 할 것입니다. 상대가 무슨 말을 했는지 여부와 상관없이 자신의 고정관념으로 상대를 판단하겠다는 말이네요. 상대의 생각에 변화가 있을 수도 있고, 메시지를 전하려고 말 한마디, 한마디를 유의해서 표현하는 일도 많습니다. 이쪽이 상대방을 정확히 이해 못 하는 경우도 있는데, 자신은 종래의 고정관념대로 상대를 파악하겠다고 하는 셈이 아닌가요?"

이 이야기를 들은 한국 학자는 "개발도상국형 사고이며, 마르크스적인 경향"이라고 표현했다.

"우리나라는 이만큼 윤택해지고 경제·사회가 진화했는데, 더욱이 사회주의 국가도 아닌데, 아직도 마르크스적·개발도상국형의 발상이 뿌리 깊습니다. '하부 구조'와 '계급'이라는 용어는 사용하지 않았다 해도, 결정론적인 동시에 언제까지나 피해자 의식에서 대상을 봅니다."

또한 그는 이런 사고가 좀 더 진전되면 '음모설'로도 발전될 소지가 있다고 덧붙였다. 어차피 세계는 극소수 대국의 지도자나 대기업 간부들의 손끝, 그들의 음모에 의해 움직인다는 생각으로 번진다는 것이다.

우리가 이해하는 일본이 일본이며, 일본은 심판과 단죄의 대상?

그런데 내가 보기에 한국의 '주관론'은 일본에 대해 특히 강하게 작용하는 것 같다. '우리가 이해하는 일본이 일본이다'라는 발상조차 느껴진다. 일본인이 '일본은 이렇다'라고 이야기하는 것보다, '우리가 생각하는 일본이 일본이다'라고 믿는 것이다.

이렇듯 '내가 생각하는' 역사관, 민족관 때문에 일본은 언제까지나 객관적 인식의 대상이 되지 못하고, '심판하고 단죄해야 할 대상'으로 여기는 것이 아닐까? 서울대학 교수(67쪽), 청년(68쪽)의 진지한 자세와는 정반대다. 이래서는 한 · 일 교류도 상호 이해도 힘들다.

2000년 〈한겨레신문〉에서 설왕설래한 일이 떠오른다. 당시 그 신문이 나의 투고를 게재했다. '전후 일본은 국제사회에 대해 이상주의적 환상이 강해서, 안전보장의 준엄함을 이해하지 못했다. '민족의 영광'에 집착하는 한국과는 대조적인 나라이기도 했다. 한국은 전후 일본의 실상을 보지 않고, 전쟁 전의 부정적인 이미지에 얽매인 경향이 있다'는 취지의 글이었다. 그 투고에 대해 부산대학 교수가 '난징 사건을 부정하고 식민지 지배를 미화하려는 일본의 궤변'이라고 나를 비판하더니, '우리는 일본을 알고 있다'는 말로 결론을 내렸다.

실로 일본을 암흑의 이미지로 굳히려는 발상의 전형이었다. 나는 전혀 생각해 보지도 않고 쓴 적도 없는, 일본 정부의 입장과는 전혀 다른 것을 마치 내가 주장한 것처럼 설정해 놓은 것이다.

자기들이 만든 일본의 허상을 비판하고 있을 뿐, 논의 자체가 성립되지 않으며 일본을 제대로 이해할 생각도 보이지 않는다. 실은 일본 정부는 난징 사건을 부정하지 않으며, 식민지 지배에 대해 총리 자신이 반성하고 사과하고 있는데 말이다. 그저 자신의 머릿속에 만들어 놓은 일본에 침을 뱉는 것으로 할 일을 다했다는 식이다.

조선일보에 필봉이 예리한 선우정 기자가 있다. 도쿄 특파원을 거쳐 국제부장을 지낸 그는 일본에 대해 잘 알고 있을 뿐만 아니라, 한국의 경제·사회에 대해서도 깊은 통찰력이 있는 기자다. 그의 부친은 저명한 작가이자 신문사 논설위원이었던 선우휘 씨다. 나는 1980년대에 한국과 일본의 대표적 지식인인 시바 료타로 씨와 선우휘 씨의 대담을 읽은 적이 있다. 선우 기자는 말했다.

"생전의 아버지는 자주 말씀하셨다. 한국과 일본은 아주 다르다고. 비슷한 것처럼 보여도 실상은 다른 점이 많다고. 나 자신도 일본 생활에서 그렇게 느꼈다. 요즘 한국 사람들은 그 점을 간과하고 있다. 일본은 사회나 경제 체제가 한국과 다르고, 사람들도 한국과는 다른 점이 많은데, 자신들과 같을 거라고 착각하고서 자신의 척도로 판단하려는 사람들이 많다."

착각과
잘못된 균형의식 –분석 1

약 30년 전과 지금을 비교해 보면, 한국 사회가 많은 부분에서 진화하는 가운데서도 유독 일본을 객관적으로 공평하게 파악하는 힘만은 줄어서 퇴화한 느낌이다. 왜 그럴까? 이제부터 그 이유를 다섯 가지 분석을 통해 찾아보고자 한다.

분석 1 한국은 단시간의 고도성장으로 자신감이 생긴 것은 좋지만, 이것이 지나친 나머지 현실을 냉정하게 파악하는 객관적 시각이 쇠퇴했다. 일본을 '잡았다'는 주관이 자리 잡았고, 내친김에 '일본은 이제 신경 쓰지 않아도 된다'는 생각조차 생겼다. 또한, 생활·문화 면에서 '반일'의 색깔이 엷어지다 보니, 정치·안보·역사 등 핵심적인 부분에서 일본에 대한 편견이나 무지가 있다 해도 '나는 일본에 대해 균형 감각을 유지하고 있다'고 착각하기 쉽다.

이전 한국의 국내총생산(GDP)은 일본의 25분의 1이었다. 일본은 '아시아의 후지산'으로 홀로 우뚝 솟아 있는 거대한 존재였다. 경제도 기술도 학문도 패션도 국력도 압도적이었는데 지금은 달라졌다. GDP 는 (환율로 달라질 수 있지만) 일본의 4.5분의 1까지 따라왔다. 삼성·LG 의 눈부신 성장, 축구·골프·피겨스케이팅에서 일본을 누르고, 유엔 사무총장을 배출한 한국. 여기에 세계적인 한류 붐, 동일본 지진까지 더해져 '일본을 이기고 있다'고 생각하는 사람이 적지 않아 보인다.

게다가 미국이나 유럽 등에서의 반일 캠페인을 한국 언론매체가 공 들여 보도함으로써 일본을 이기고 있다고 느끼는 사람도 있는 듯하다. 개중에는 위안부 문제를 비롯한 역사 문제에 대해 '일본은 반성도 사 과도 하지 않는다'는, 사실에 반하는 이미지를 심어주려는 캠페인도 있다. 그런 것으로는 이길 도리가 없겠지만 말이다.

때로 신문지상에서 일본을 비판하는 대학교수가 한탄하며 말했다.

"학생들이 걱정이다. 일본은 지금도 한국보다 다섯 배나 큰 나라인 데, 그런 사실에 대한 인식이 없다. 아주 똑같은 눈높이에서 보고 있다. 오히려 위에서 내려다보는 시선일지도 모른다."

일본에 대한 이해가 넓고 깊어져 합리적이고 공정한 판단을 내리게 되고, 이와 병행해 대등한 의식이 생긴 것이라면 바람직한 일이겠으나, 그런 것 같지만은 않다. 이와 관련해 50대 후반의 저명한 교수가 내게 말했다.

"일본 사람들은 '한국은 반일'이라고 말하지만, 그렇게 단순하게 잘라 말할 수는 없다. 한국 직장인들은 점심에 스시나 우동을 먹고, 밤에는 일본식 선술집에 간다. 일본 음식이나 일본 술도 인기가 많다. 대학가도 마찬가지다. 스시, 일본식 라면, 선술집을 즐긴다. 강남 주부들은 일본의 고급 롤케이크를 사려고 백화점에서 줄을 서고, 젊은이들은 일본으로 여행을 간다. 정치적으로는 일본 쪽에 불쾌한 언동이 있을 수 있겠으나, 생활·문화 면에서는 일본을 좋아하는 사람들이 많다. 그 점을 알아주었으면 좋겠다."

그 말에 나는 이렇게 대답했다.

"확실히 생활 면에서는 그렇다. 한국 사람들이 스시나 선술집을 좋아한다는 사실을 모르는 일본에 알리고 싶다. 그렇지만 스시를 좋아한다고 해서 전후 일본의 정치·외교의 핵심을 오해한 채 비난을 해도 좋다거나, 비난을 절반 정도 허용해 달라고 해서는 안 될 것이다. 선생이 아시는 대로, 일본 사람이 한국에 실망하는 것은 '위안부를 인정하지 않는다', '역사를 반성하지 않는다' 등의 비난에 대해, '한국 측이 근본적인 사실 인식을 잘못하고 있다'고 아무리 말해도 개선하지 않기 때문이다."

그는 나도 잘 아는 우수한 연구자다. 한국 내에서의 '공기', '선과 악으로 단정지어 버리는 일본관'의 문제점도 지적하는 사람이다.

친근감과 우정을 키워나가는 문화와 생활·관광 등에서 이루어지는 풀뿌리 교류가 얼마나 중요한지는 두말할 필요가 없다. 내게도 문화 교류나 학생 교류는 이번 수년 간의 임무 가운데 중요한 과제였다. "그런 것은 외교의 주변일 뿐 중요하지 않다"라고 한다면 잘못된 말이다.

예전에는 일본어로 쓰인 간판이나 메뉴는 허용되지 않았고, 주문을 받은 점원이 주방에 일본어로 전하는 일도 없었을 것이다. 이런 변화는 나도 알고 있다.

그런 상황을 전제로 말씀 드린다. '식민지 지배를 반성하지 않는다', '역사를 직시하지 않는다' 등 중요한 핵심 사안에서는 일본인이 헉! 하고 놀랄 만한 엉뚱한 일본관을 유지하면서, '일본의 먹거리나 문화를 좋아한다'고 하면 솔직히 곤혹스럽다. 어려운 주문을 하는 것이 아니다. 앞서 소개한 한국 젊은이의 편지(73쪽)에서 알 수 있듯 젊은 세대도 아는 이야기다. 한·일의 현안을 '선과 악'으로 구분해 두고는, '한국의 주장이 정의'라는 식의 자세는 통하지 않는다는 것이다.

일본의 생활 문화에 대한 호의가 실은 '자신은 무조건적인 반일이 아니다'라고 보는 구실이 되고 있는 것은 아닌지, 마치 일본에 대해서는 '균형 잡힌 감각을 가지고 있는' 것처럼 심리적으로 자기 정당화를 하고 있는 것은 아닌지 생각해 볼 일이다.

사회 발전에 따른
개인의 무력감 −분석 2

나는 자부심과 자긍심이 강한 한국인이 그와 동시에 불안감과 무력감에 빠지기 쉽다고 느껴 왔다. 또한 이런 성향이 '공기'에 휩쓸리기 쉬운 원인의 하나라고 생각한다. 여기서는 한국 사회의 눈부신 발전 속에 형성된 무력감과 독특한 '시대 감각'을 일본관의 문맥으로 살펴본다.

분석 2 한국이 일본을 객관적으로 파악하는 힘이 퇴화한 데에는, 사회가 거대해지고 복잡해진 데 따른 개인의 '무력감'이 작용한 것으로 보인다. 1980년대 말 이후 자신들의 발자취를 모두 긍정적인 진보로 받아들이려는 한국의 강한 '시대 감각'과 '변화 감각'이 배후에 있다.

국내의 시스템이 거대해지고 다양화됨에 따라 오히려 드러나기 시작하는 여러 가지 문제점들. 변함없이 주변을 에워싸고 있는 대국들. 아무리 우수한 사람일지라도, 대단한 부자라도, 정치 지도자라도 생각대로 움직여지지 않는 현실과 맞닥뜨린다.

더욱이 한국의 경우 '모든 면에서 성장하고 스스로 힘을 길러왔다'는 밝은 자화상이 있다. 그렇기 때문에 여전히 눈앞에 산적해 있는 문젯거리들과 밝은 자화상 사이에서 커다란 갭을 느끼고 심한 스트레스를 받는 것은 아닐까.

정치가 민주화하고 한국 기업이 국제무대에서 활약하는 데 비해 민족주의나 역사관, 사회 저변에 깔린 낡은 사고의 틀(앞에서 언급한 개발도상국형이나 마르크스형 같은 주관설) 이 해묵은 채 여전히 뿌리가 깊다. 일본관이나 중국관도 그렇다.

1970~80년대의 일본 사회가 평화와 풍요로움의 꿈에 빠져 있을 때, 한국은 북으로부터의 현실적인 위협에 직면하고 절박한 안보의 필요성을 몸으로 느끼며 일본에게 말했다. 미국과의 동맹이 있긴 하지만, 긴급 시에는 한·미, 미·일 동맹으로 인한 일본의 지원이 한국의 국가 안보에 절실히 필요하다는 것을.

냉엄한 현실에 직면해 있던 탓이었을까, 한국은 국가의 근간인 안보에 무게를 둔 날카로운 문제의식이 있었다. 그런 한국에 대해 일본은 좌우나 보수·진보를 떠나서 경의를 느꼈다. 일본인들은 국가의 기본을 소홀히 했던 점을 반성하고 조금은 진보할 수 있었다.

그런데 지금의 한국은 어떤가. 예전의 일본처럼 '어른들은 안보다 국가 이익이다 하고 시끄럽지만, 자기와는 상관없다'고 하는 나라가 된 것은 아닐까? 한국은 '동맹'이나 '자유와 민주는 국가의 기본 가치'라는 등의 거시적인 이야기, Big Word에는 둔감한 나라가 되었단 말인가 하고 많은 일본인이 걱정하고 있다(역전 현상이다).

무력감과 자신감은 반대말이지만, 사실 국민 심리에서는 짝이라고 볼 수 있다. 동전 하나의 앞뒤와 같은 것이다. 100점밖에 허용하지 않는 사고방식은 '도대체 뭘 해도 안 되니까'라는 될 대로 되라는 자세로 바뀌기 쉽다. 이러한 성향은 외교력의 발목을 잡는 것이기도 하다. 동양의 고전에서 말하듯 중용을 터득하는 일이 중요하다. 괴롭고 불리한 환경에서도 포기하지 않고, 30점이 아닌 60점을 따려는 끈기와 노력이 필요하다.

냉전은 끝났다. 빈곤과 혼란과 군부 독재의 시대는 가고 민주화를 이루었다. 경제나 사회는 크게 발전했고 국력은 커졌다. 그러나 기다려 보기 바란다. 냉전의 시대가 끝났다고 세상이 좋아진 것은 전혀 아니다. 미국과 소련, 동서 양 진영이 지역 분쟁 요인에 '뚜껑을 덮어두고' 있었지만, 냉전 종식과 함께 뚜껑이 열리자 여기저기서 분쟁이 터져 나왔다. 민족, 종족, 종파 간의 대립이 격화하고 내란과 테러로 이어졌다. 장밋빛 시대는 도래하지 않은 것이다.

안전 보장은 예나 지금이나 국가 존립의 근간이다. '상황이 어느 정도 개선되고 완화되었으니 이제 안보를 심각하게 생각하지 않아도 괜찮겠지'라는 기분이 한국의 일부에 존재하는 것은 아닌지. 또, 미국과 중국을 합쳐서 둘로 나누는 '양다리 외교'로 한국의 외교·안보가 바른 방향으로 나아갈 수 있을 것인가. 물론 전쟁 회피를 위한 모든 노력이 필요하겠지만 동맹관계라면 궁극적으로는 '어느 쪽이 적군인가 아군인가'를 결정해야 할 상황을 상정해야 할 것이다.

80년대 말 이후의 변화는 모두 긍정적으로 보고, 그때까지의 사고방식은 낡았으니 버려야 한다는 주장, 거기에 앞서 설명한 무력감이 결합해 '동맹' 이념이나 '기본 가치'를 중요하게 보지 않게 된 듯하다. 차근차근 한 발자국씩이라도 현상을 전향적으로 풀어가려는 의식이 80년대보다 약해진 것은 그 때문일 것이다.

일본관이 지난 세기보다 퇴화했다는 말을 듣고 저항감을 느낀다면, 자신들은 무엇에서든 진화·발전하고 있다고 하는 '공기' 속에 있기 때문이 아닐까.

나는 2001년에 일본에서 한·일 관계와 관련한 책을 냈다. 당시 긍정적인 평가가 많은 가운데, "이제 그런 역사 문제, 민족주의, 일본관 운운하는 이야기는 낡은 생각 아닌가. 한국도 이제 그런 장애를 극복하고 긍정적이고 밝은 한·일 관계에 나서려고 하는 것 같은데…"라고 하는 일본 친구가 있었다. 나는 '그렇게 간단하지 않을 것'이라고 생각하면서도, 동시에 '그럴지도 모른다. 역사 문제, 민족주의 운운하는 것들을 한국이 합리적으로 지양하는 시기가 올지도…'라고 한 가닥 희망을 가진 순간도 있었다. 하지만 아쉽게도 현실은 반대 방향으로 흘러가고 있다.

일본, 아니 어딘가의 다른 이웃나라라 해도, '신경을 쓰지 않아도 좋다'고 하는 일은 영원히 있을 수 없다. 그것은 '외교를 하지 않아도 좋다'는 말과 마찬가지다. 세계 어느 두 나라 사이에도 힘의 강약을 불문하고, 당연히 이웃나라에 충분히 신경을 쓸 필요가 있다. 상대의 상황이나 이해 득실 관계를 잘 살펴 치밀하게 조율하고 대응해가는 일이야말로 자국의 이익에 부합하는 외교가 될 것이다. 시대가 변했다는 논리는 너무 단순해서, 중요한 많은 것을 놓칠 수 있다.

'산 넘어 산'이라는 말이 있듯이, 발전한 나라에는 다시 험한 길이 기다리고 있다. 일본도 메이지 시대 이후 '언덕 위의 구름'을 바라보며 오로지 위를 보며 올라갔던 가난하지만 밝은 시절이 있었다. 제2차 세계대전에서 패한 후, 이른바 제2의 '언덕 위의 구름'을 목표로 고도성장을 하여 세계로부터 칭찬받던 시절이 있었다. 그 다음 단계로의 과도기, 진통기는 어느 나라에나 있다.

한국도 다음 '산'을 넘을 수 있다고 믿는다. 그러기 위해서는 무력감에 빠져 있을 여지가 없다. '공기'에 맡기지 말고, 개선을 위한 걸음을 매일매일 밟아나가기를 기대한다.

한국의 일본관 vs
일본의 한국관 −분석 3

'다섯 가지 분석' 가운데, 앞의 두 가지는 한국 측 사정이었다. 세 번째와 네 번째는 한·일 양국의 변화에 관한 것이다. 우선 사례를 먼저 들겠다. 독자 여러분에게는 다소 충격적일지 모르겠다.

규슈에서 한·일 문화 교류에 오랫동안 자원봉사자로 참가해온 여성이 내게 이렇게 말했다.

"예전에 한국은 훌륭한 사람들이 많고, 배울 것도 많다고 생각했습니다. 저는 옛날 일본의 대외 확장정책과 전쟁에 강한 저항감이 있습니다. 그런데 최근 문화 교류로 오는 한국 사람들과 이야기하다 보면, '한국은 어쩌면 그렇게 역사에 약할까' 하는 생각이 듭니다. 한국 사람들은 자신들이 대마도 절에서 훔쳐간 불상을 '역사'를 이유로 일본에 돌려주지 않고 있다고 주장하거든요. 어떤 분은 '본래는 대마도도 한국 것이다. 우리 문화를 받아들였으니 한국령이다'라는 황당한 민족주의를 털어놓기도 했습니다. 처음에는 농담인가 하고 생각했는데, 그렇지 않았습니다. 대학교수들이 그렇게 말하고 있었어요."

그 여성은 "우리 일본은 자기 중심으로 역사를 보면 안 된다고 50년 전부터 철저히 배워왔는데, 한국은 정반대로 역사를 볼 때 난폭한 독선이 강해졌네요. 문화를 전해줬다고 해서 자국령이라니…. 한국 사람들은 역사의 기초도 없더군요"라며 탄식했다.

한·일 간의 풀뿌리 시민 교류를 한국 측이 깨고 있는 실례다. 역사를 잘 아는 듯 내세우고는 있지만, 실은 자기중심을 털어놓고 자기가 역사에 약하다는 사실을 거꾸로 드러내는 것 같다. 자기에게 편한 대로 역사를 보지 말고, 외국의 입장도 이해해 객관적이고 공정하게 역사를 이해해야 한다는 일본과 매우 대조적이며, 격차가 여실히 드러나고 있다.

사례 하나를 더 들어보겠다. 일본의 한 중소기업 경영자. 원래 한국을 좋아하는 인물로 여행도 몇 번인가 다녀왔고, 한국 기업들의 적극성에 감동해 한국 기업과의 제휴도 검토했었다고 한다. 그가 이런 말을 했다.

"지금 생각해 보면 김대중 대통령은 아주 잘한 겁니다. 일본의 좋은 점을 인정하고, 일본과 당당하게 교류했지요. 인간적으로 훌륭한 분이었어요. 최근의 한국은 어떻습니까? 보수 대통령들이 일본을 약올리는 행동을 반복합니다. 정부도 그렇겠지만 우리 시민들도 화를 내고 있어요. 아니, 기막혀 하고 있어요. 한류가 대수겠어요? 오히려 중국 쪽이 교제하기가 쉽습니다. 한국은 대체 어찌된 겁니까?"

분노는 내게 향했다. 혹시나 해서 밝혀 두는데, 그는 한국에 대한 차별이나 편견이 없고, 오랫동안 한국에 관심을 가져왔으며, 한국 친구도 있고, 보다 깊이 한국을 알려고 노력해온 사람이다. 한국에서 '일본통'이라고 불리는 사람들보다 더 많은 책을 읽으며 한국을 공부해왔다.

분석 3 일본 측의 한국 인식은 이 30년 사이에 크게 진전되었다. 한국 측의 일본 인식을 앞질러 역전한 면이 있다.

1984년 처음으로 한국에 왔을 때, 솔직히 '일본 쪽에 문제가 많다'고 생각했다. 한국 쪽이 정치, 경제, 언어, 문화, 스포츠, 지명 등에서 일본을 잘 알고 있는 데 비해, 일본 쪽은 한국에 대해서 아는 것이 별로 없었다. 당시 한국은 '독재와 억압, 데모와 고문, 빈곤과 혼란'(실제 일부에 있었던 현상이지만)이라는 부정적이고 어두운 이미지였다. 일본 쪽에서 '아래로 내려다보는 시선'이 확실히 있었다.

나는 "실제 한국 사람은 밝고 역동적이다. 시위도 하지만, 그런 대학에서도 겨울이면 스키 버스가 나온다. 여름에 설악산에 가보면 갖가지 색깔의 캠프가 넓은 계곡에 가득 들어차 있다. 가난도 있지만, 이미 레저 대국이다"라고 전하며, 문화·언어·역사를 포함해 좀 더 한국을 알지 않으면 안 된다고 기회 있을 때마다 일본 사람들에게 강조했다. 한국 측의 문제점도 있었지만, 일본 측의 무지와 편견이 더욱 컸다. 그러나 그 후, 상대국 이해에 있어서 일본이 한국을 따라잡은 것을 피부로 느낀 사례가 많았다.

우선 가까이에서 '역전'을 느낀 경우는 일본 외무성의 한국어 스쿨과 한국 외무부의 일본어 스쿨의 비교에서다. 나 자신도 여러 번 경험한 적이 있는 한·일 간의 각종 회담에서의 통역 수준. 통역자 개인의 역량에 따른 것이기는 해도, 80년대 후반에는 '일본 측 통역이 더 잘한다'고 한국 측도 느끼는 일이 많아졌다. 일본어를 어려서부터 배워 소통에 불편이 없는 연세 지긋한 한국 분이 "요즘은 일본 통역이 한국 통역보다 나은 것 같다"고 말하기도 했다.

그리고 외무성에 들어오고 나서 곧 실시된 상대국에서의 연수. 상대국에서 2년간 연수한다. 언어를 배우는 것이 주목적이지만 상대국의 많은 사람들과 사귀면서 서로 마음을 나누며 술도 마시고, 상대국의 유행가를 부르고, 각지를 여행하며 문화와 역사, 사회심리를 이해한다. 그런데 이것도 일본 측이 깊고 넓게 하는 경우가 많았다.

일본에 있어서의 한국어는 80년대 후반부터 인기리에 방영된 NHK의 한국어 강좌와 2000년대의 한류 붐이 크게 작용했다. 현대 드라마는 물론이고, 〈대장금〉이나 〈이산〉 같은 한국의 시대물을 많은 일본인, 특히 여성들이 푹 빠져서 보게 되었다.

내가 일본 측 변화에 주목하게 된 것은 축구나 야구에서의 한·일전이다. 80년대까지는 일본에서는 경기 상대가 태국이든 이라크이든 한국이든 큰 차이가 없었다. 한국은 많은 상대국 중 하나일 뿐 별다른 의식은 없었다(그 자체가 한국으로서는 자존심 상하는 일이었을지 모르지만). 그러던 것이 2002년 월드컵 공동 개최 즈음하여, 한국이 이상하게 일본에게 열의(적의)를 드러내자 일본도 이를 알아차리게 되었다. 그 후로 한국 측 경기 태도의 문제를 포함하여 일본도 한국을 의식하게 된 것이다.

2011년부터 세 번째 서울에 머무는 동안, 위안부 문제 등 근대의 역사 문제뿐만 아니라 한·일 간 '역전'을 느끼는 일이 많아졌다. 병자호란, 삼전도를 아는 일본인도 이제 드물지 않다(190쪽). 외교 문제에서 입장이 다른 것은 놀라운 일이 아니다. 그러나 논의의 전제인 기본적인 사실, 팩트에 대한 한국의 인식은 한참 부족한 상태였다. 연구자, 매체, 지식인, 정치인들을 매일 접하면서 직접 실감할 수 있었다.

그리고 중요한 것은 한국 측이 기본적인 사실(무라야마 담화 등 분명한 사과, 그리고 위안부 문제에 대한 정부와 민간의 조치 등)도 알지 못한 채 일본을 비판하고, 일본의 신경을 거스르는 행동이 많아진 것을 일본의 외교관이나 전문가뿐만 아니라 일반 국민들도 알게 된 것이다. 이것이 큰 기로였다.

한국의 성장과
한·일 관계 변화 −분석 4

국내에서는 상식이며 일일이 따지지 않는 발언이 울타리를 넘어 다른 나라에 도달하면 큰 충격과 불쾌감을 줄 수 있다. 다음은 그런 (안과 밖의) 인식 차이에 관한 문제다.

분석 4 한국의 국력이 커짐에 따라 그리고 한국 쪽의 일본 이해에 미흡한 점이 많다는 것이 일본에 널리 알려짐에 따라, 일본이 예전에 일일이 따지지 않았던 한국의 문제점을 이제는 간과하지 않게 되었다.

이것은 매우 중요한 대목으로, 80년대의 미국과 일본을 예로 들어 논해 보겠다. 1986년 일본 경제가 호황을 누리던 절정기에 미국 내에서는 일본 경계론이 한창 고조되고 있었다. 일본 정치인들의 발언이 미국의 여론을 자극시킨 것에 대해 미국의 지식인인 라이샤워 전 주일 대사가 이렇게 지적했다.

"(1960년대까지) 일본인은 미국에 대해서, 제국주의니 뭐니 하면서 심한 말들을 했었습니다. 미국이 만약 그런 말들을 정색하고 받아들였다면, 아마 격노했을 것입니다. 그러나 그 무렵은 일본이 작고 약한 나라여서 그다지 심각하게 받아들이지 않았습니다. (중략)

일본인이 일본어라는 울타리 안에서 자기들끼리만 떠드는 것에 익숙해 있다는 예증입니다. 그런 것이 바깥세상에도 알려져 뜻밖의 파장을 몰고 올 수 있다는 사실에 주의를 기울일 필요가 있습니다."(《쇼쿤(諸君)》, 1986. 12)

대단히 예리한 지적이라고 생각한다. 당시 20대였던 나는 다소 불쾌한 기분이 들면서도, 국제관계의 현실이란 그런 것이구나 하고 이해했다.

1960년대 일본에는 일이 잘 풀리지 않는 것은 모두, 집이 가난한 것도 회사가 파산하는 것도 다 '미 제국주의' 탓으로 돌리는 풍조가 있었다. 미국에 대한 비판은 지식인이나 학생들에겐 일종의 사명이었고, 비판의 내용이 옳은가 그른가, 바다 건너 미국인에게 통하는 논리인가 아닌가에 대해서는 신경도 쓰지 않았다. 자신의 발언(국내에서는 '맞는' 것으로 되어 있는)에 책임을 묻는 것은 생각조차 해보지 않았던 것이다. 틀림없이 일본에게는 철부지 아이 같은 '투정'이 있었다.

이처럼 국내에서 '모두들 그러니까' 하면서 생각나는 대로 말해버리는 것이 허용되지 않는 시기가 반드시 올 것이며, 한국에는 이미 와 있다. 자기주장을 할 때는 외국에도 통하는 합리적인 논리가 필요하다. 그러지 않고는 상대를 설득시키기는커녕 반발만 불러오게 될 것이다. 그 논리가 감정적이고 시야가 좁고 독선적이라고 간주되면 자국의 값어치는 떨어지고 말 것이다. 그러한 사실을 알아차리는 일은 뒤로 물러서는 양보가 아니고 한발 앞으로 나아가는 진보다. 이 점을 한국 분들이 알아주셨으면 한다.

특히 2012년 여름 이후 한국은 일본의 친한파, 지한파, 한류 팬, 진보, 시민파 등 가릴 것 없이 모두를 적으로 돌려버렸다. 지방 도시에서 한국과 교류를 꾸준히 이어오던 여성도, 한국 사람들의 인정스러움을 좋아하던 중소기업 사장도, 한국어 공부에 열심이던 학생까지도. 이런 일은 지금까지 한 번도 없었다. 그들은 원래부터 편견에 사로잡혔던 사람들이 아니고, 오히려 한국의 장점을 알고 좋아하던 사람들이었다.

앞서 기업 경영자가 말한 대로 한국은 김대중 정권의 일본에 대한 비교적 합리적인 자세에서 훨씬 더 후퇴하여, 보수 지도자들 스스로가 일본 정부와 시민들로부터 분노와 실망을 불러일으켰다. 일본이 분개해도 한국은 같은 일을 거듭하는 나라가 되었다. 나는 당시 한국의 지식인이나 매체에 매번 주의를 환기시켰지만(마음속으로는 이해하는 사람도 있었겠지만), 눈에 보이는 효과는 없었다.

나는 일본에 대해서도 주문을 한다. 일본 매체가 사건을 취사선택하여 다룸으로써 결국 한국의 이미지를 왜곡해서 전달하는 결과가 되었다는 점을 지적하곤 했다. 그러나 전체적으로는 1980년대와는 반대로 '이제 한국 측이 문제가 많다'고 생각한다.

'민족의 스토리'와
역사를 혼동 —분석 5

　앞의 네 개의 분석보다 더 큰 핵심은 한국 측이 단골로 내세우는 역사다. 그것은 한국의 최대 약점 중 하나라고 나는 생각한다.

　분석 5 국제사회에서 '역사'란 '민족의 스토리'가 아니다. 이 두 가지는 긴장관계에 있다. 단순한 선악론에 빠지기 쉬운 '민족의 스토리'를 극복해서, 객관적이면서도 공정하게 열린 이해로 다가가는 것이 '역사'다. 전후 일본의 역사학이나 교육은 이런 면이 강했었다. 한국은 이러한 이해가 약하고 이 두 가지를 혼동하거나 동일시하는 사람이 보인다. 마치 '바른 역사는 자신들에게 있다'는 것처럼 일본을 공격하는 경향이 있다.

미국 역사학회상을 수상한 컬럼비아 대학의 캐롤 글럭 교수는 제2차 세계대전 종료 50주년인 1995년에 아사히신문과의 인터뷰에서 이렇게 말했다. 좀 길지만 인용해 보겠다.

"제2차 세계대전은 세계적인 대전이었습니다. 국가적인 기억에만 갇혀 있어서는 안 됩니다. 나는 5월의 유럽 전쟁기념 50주년 기념식을 보았습니다만, 어느 나라나 자국 중심주의였습니다. (중략) 상당히 인상적이었던 것은 어느 나라에서든 기억이 전면에 내세워져 있고, 역사는 기억의 뒤편으로 밀려나 있다는 것이었습니다. 미국과 일본에서도 참전 군인들이나 유족들의 기억이, 역사의 복잡한 사실보다도 기념의 중심이 돼 있었습니다. 그것은 위험하다고 생각합니다."

"기억은 개인의 기억이든 국가적인 기억이든 아주 단순한 이야기를 원합니다. 어느 것이 '좋다, 나쁘다'라는 흑백 논리를 좋아합니다. 미국의 지난 세기의 군인은 원폭이 전쟁을 끝냈다고 생각하고 있었고, 그것이 지금까지도 기억에 남아 있습니다. (중략) 하지만 역사는 단순한 줄거리의 이야기로 끝나지 않습니다. 역사는 복잡한 이야기, 맥락이 닿지 않는 듯한 사정이나 사실을 가능한 한 다양한 각도, 여러 가지 관점에서 설명하는 것입니다."

"20세기가 끝나가는 지금 자신의 나라를 소중히 하는 것은 당연한 일이지만, 의식마저도 그 안에 머물러 있어서는 안 됩니다. 일방적인 상상력이나 폐쇄적인 기억에 사로잡히는 일 없이, 복잡한 역사의 토대에서 장래를 생각하는 일이 보다 중요하지 않을까 생각합니다."

미국 역사학회 회장을 역임한 이 역사학 대가의 말은 무겁다. 전승국에도 패전국에도 예리한 비판을 가한다. 일부 일본인, 독일인, 영국·미국·프랑스 사람의 귀에도 따가울 것이다. '민족주의적인 기억'을 억제하려 하지 않고, 오히려 강화해서 역사를 단순화시키려 하는 한국인이나 중국인의 귀에도 따가울 것이다.

모두들 '단순하고 알기 쉬운 스토리'를 바라며, '자국은 백, 상대국은 흑'으로 보고 싶어 한다. 그러나 그것은 역사가 아니다, 역사에 반하는 일이다. '역사'가 '민족의 기억'에 밀려나서는 안 된다.

유럽의 역사 교과서 대화를 연구한 곤도 다카히로 교수는 이렇게 말한다.

"국제 역사 교과서 대화란, 각국의 자국 중심주의적인 기술을 서로 지적하는 작업을 통해 객관적이고 공정한 이해에 도달하는 것을 목표로 하는 활동을 말한다. (중략) 역사 교육 전체를 민족주의로부터 해방시켜 보다 평화적인 것으로 만드는 것, 나아가 개개인이 보다 열린 사고로 역사를 이해하게 만드는 것을 궁극의 목표로 삼고 있다."

글럭 교수와 곤도 교수의 지적은 국가를 초월한 국제사회의 역사학의 규범이며 상식이다. 두 교수는 일본에 대해 쓴소리도 하는 사람이다. 일본에서는 이들의 지적에 수긍하고 찬동하는 사람이 대다수일 것으로 본다. 한국이나 중국에서는 어떨까. '역사 교육을 민족주의로부터 해방시키는 일', '역사는 민족적 기억에 밀려서는 안 된다는 것'을 토대로 한 진지한 작업이 이뤄지고 있을까.

　중국의 역사 연구자 왕정(汪錚) 박사도 또한 '역사'와 '(역사적) 기억'
의 구별을 강조하고 있다. 한국에도 대단히 좋은 시사점이 된다고 생
각한다. 왕 박사의 주장의 요점을 소개한다.

　"기억(역사적 기억)은 역사상 실제로 무엇이 일어났는가에 관한 것이
아니고, 중국인이 역사라는 것을 어떻게 이해해 왔는가, 그리고 정치적
지배층이 역사를 어떻게 만들어 왔는가 하는 것이다. 정치 지도자들에
게 역사적 기억은 국민을 동원하고 대중적 지지를 결집하기 위한 특별
한 수단이었다. 또한 일당독재를 용인하고 시민 권리의 제약을 정당화
하는 최대의 근거이기도 했다. 중국 정부는 국민에게 전하고 싶은 메
시지 속에 역사상의 일들을 전략적으로 배합해 넣고 있다. 1992년부터
시행된 애국주의 교육 캠페인을 기점으로, 이전 마오쩌둥(毛澤東) 류의
'승자 이야기'는 '피해자로서의 중국'으로 핵심이 바뀌었다. 그것은 천
안문 사건 이후 중국 공산당이 국민들의 지지를 확보하는 데 압박을
느낀 결과였다."

　그리고 마지막으로 왕 박사는 내셔널리즘이 역사적 기억을 일깨우
고 역사적 기억이 내셔널리즘을 부추기는 피드백 사이클을 중국이 단
절시켜야만 한다고 주장한다('중국의 역사인식은 어떻게 만들어졌는가',
〈동양경제〉, 2014).

한반도에 뿌리를 지닌 중국인 학자(조선족 출신) 리강철 교수. 좀 길지만 그의 이야기를 인용해 보겠다.

"어린 시절, 학교에서 항일전쟁의 영화를 보여줄 때 선생님은 '일본의 중국 침략은 일부 군국주의자들에 의한 것이고, 일본 국민도 피해자다. 미워해서는 안 된다'고 가르쳐주셨고 나는 그 말을 그대로 믿었다. 초등학생 시절(1969년경) 유명 화가의 가족이 내가 살고 있던 시골로 내려왔는데, 부인이 일본 사람이었다. 마을에서는 누구 한 사람 일본인 부인을 나쁜 사람이라고 생각하지 않았다. 오히려 그 예의 바르고 친절한 모습에 모두들 감탄하며 사이 좋게 지냈다.

대학생이던 1980년대, 일본에서 온 유학생과 친해졌다. 누구도 그가 일본인이라고 싫어하는 사람은 없었다. 오히려 일본인과 친하게 지내는 나는 '일본통'으로 불렸다. 마오쩌둥 시대와 덩샤오핑(鄧小平) 시대까지는 '반일 교육'이 지극히 한정적이었다. 중국에서 '반일 교육'이 강화된 것은 1990년 장쩌민(江澤民) 정권 때부터다.

한국에서 '독립기념관', '역사박물관' 등을 견학한 적이 있는데, 교사와 학부모들이 '일본이 무력으로 한국을 점령했다'고 가르치고 있었다. 그 자체는 역사 교육으로서 나쁘지 않다. 가르쳐야 할 것이다. 그러나 내가 문제로 제기하고 싶은 점은 국가 간의 복잡한 역사나 역사인식을 어느 한 측면만을 과장해서 강조하여, 그 부정적 이미지를 현재의 평화 시대를 살아가는 나라나 국민들에게 연결시키는 것은 위험한 '세뇌 교육'에 지나지 않는다는 것이다.

한국은 이미 훌륭한 민주주의 국가인데, 아직도 공산독재 국가인 중국과 비슷한 역사적 세뇌 교육을 하는 것을 도저히 납득할 수가 없다."

(SGRA뉴스, 2014. 4. 16~23)

그러면 여기서 전후 일본이 걸어온 길을 잠시 이야기해 보겠다. '자신의 나라는 이렇다'라는 당연한 사실을 이웃나라에서는 모르고 있다는 것을 통감한다. 한국은 1945년 이후 어떠했는가. '일본의 식민지 지배로부터 해방되자마자 국가가 분단되어 같은 민족이 서로 싸우는 동족상잔의 비극이 있었다. 그 후 눈부신 경제발전이 있었고, 정치 민주화를 실현하여 서울올림픽을 계기로 국력이 증진되었다. 그 급성장은 세계의 이목을 끌었고 곧 선진국 대열에 들어섰다. 사회적인 갈등이 있으며, 민족주의가 강하다'라는 것이 자국민에게는 당연한 한국의 모습일 것이다. 그렇다면 전후 일본은 어떤 나라였던가.

● 1980년경까지의 일본에서는 '국가 안보', '국익', '억지력(抑止力)', '군사전략'이라는 말조차 '우익반동'으로 간주되었다. '국익'이라고 하면 "아니다. 민중의 이익, 그것도 세계 민중의 이익이 먼저다. 내 나라만을 생각하지 마라", '억지력'이라고 하면 "아니다. 그런 사고방식이 전쟁을 불러오는 것이다. 다른 나라야 어떻든 일본은 군사력을 갖지 않는다", "만일 다른 나라가 공격해 온다면?"이라고 하면 "아니다. 그런 생각은 하지 않아도 된다. 평화헌법이 있으니까 일본은 평화국가다"라고 우등생들은 대답했다. 자국의 역사를 어둡게 부정적으로 말하

는 것이 지적(知的)이라고 여겨졌다.

● 한국의 초등학교 교과서에 '나는 자랑스러운 태극기 앞에 대한민국의 무궁한 영광을 위하여 충성을 다할 것을 굳게 다짐한다'라는 맹세가 있었던 것을 한국 사람 대부분은 기억할 것이다. 그러나 이런 것이 전후 일본에 있었던가. 없었다. 한국과는 대조적으로 이러한 발상 자체가 나라를 잘못된 전쟁으로 이끌게 하는 좋지 않은 국수주의로 간주되었다. 국민보다 세계시민인 것이 바람직하다는 분위기였다.

● 1980년대까지 일본과 학교 교류를 한 한국의 전직 교사는 이렇게 말했다. "일본 학교에서는 국기를 게양하지 않고, 게양해도 거들떠보지 않고, 국가도 부르지 않아서 놀랐습니다. 좀 너무한 것 같아서 '나라를 좀 더 소중히 해야 한다'고 자주 말해주었습니다."

● 전후 일본의 정치는 1980년대 초까지는 혁신세력이 상당히 강했다. 미국이나 서방진영에는 소극적이면서 소련·중국·북한을 비롯한 사회주의 국가에 친근감을 가진 지식인이나 정치인이 적지 않았다.

나는 이것이 자랑스럽지는 않다. 전후 일본에 대해서 한국과 크게 다른 점, 한국 사람들이 알지 못하는 점을 써두었을 뿐이다.

일본은 누군가에게 강제되어 전쟁을 싫어하게 된 것이 아니다. 히로시마, 나가사키의 원폭만이 아니다. 비참한 전쟁으로 국토가 불타고 부모나 남편이나 자식이 전쟁터에서 죽었다. 전쟁 반대, 철저한 평화주의. 이것이 일본인 자신이 진심으로 원했던 바다. 여기에서 전후가 시작된 것이다.

군국주의, 자유와 민주의 억압, 국수주의와 정신주의-전후 일본은 이들에 대한 강한 'no'에서부터 시작했다. 세계의 현실을 도외시할 만큼 이상주의적이고 절대적인 평화주의. 전쟁 전에 대한 강한 부정. 국가나 민족, '우리 영광의 역사'를 강조하는 한국과는 정반대 방향이었다. 한국은 '오른쪽', 일본은 훨씬 '왼쪽'인 것이다. 거의 '반국가적·극좌적'이던 한때가 지나가자, 1980~90년대에 이르러 간신히 문제점을 깨달아 가야 할 방향을 모색하고 있다.

걸프전에서 일본이 거액의 경제 지원을 했지만, 쿠웨이트나 국제사회에서는 그다지 평가해 주지 않았다. 군대를 파병한 나라에 대한 감사가 더 컸다. 미국 등에서 "일본은 돈만 내면 된다는 말인가. 자신들은 항상 안전한 곳에 있겠다는 생각인가"라는 비판의 목소리가 들려왔다.

일본은 기존의 '일국 평화주의(다른 나라 전쟁에 끌려다니지 말자, 자국만 평화 속에 있으면 된다는 식의 발상)'에 대해 자문자답하기 시작했다. 당시 일본은 '경제는 지원하지만 전쟁으로부터 몸을 멀리 두고, 상관하지 않는다'는 소신이 옳다고 믿었었다. 그것이 국제사회가 일본에 대해 기대하는 방향이라고도 생각했었다.

그러나 그렇지 않았다. '일국 평화주의'에는 한계가 있다는 귀중한 교훈을 얻었다. 자신만 안전한 곳에 숨어 있을 것이 아니라 평화를 이루기 위한 적극적인 기여·공헌을 해야 한다는 것을 배운 것이다. 같은 시기에 캄보디아 평화를 위한 일본의 적극적인 지원, 특히 국제평화유지활동(PKO)이 국제사회에서 높게 평가된 요인도 크다.

제2장부터 보아온 '공기'는 어느 나라에나 있다. 부분적으로나 일시적으로는 가장 적합한 도구일 수 있지만, 중장기적으로는 자신(자국)을 심각한 험로로 몰아넣을 수도 있다.

4장

중국에 대한 고찰

2007년 5월부터 2009년 7월까지 나는 베이징의 일본대사관에서 근무했다. 공보문화담당 공사로서 외교부, 교육부, 문화부, 공산주의청년단(共靑團)이나 인민일보, 중국 중앙방송(CCTV) 등 정부나 당 기관, 미디어는 물론이고 문화인이나 대학교수, 학생들과도 폭넓게 만나며 각계에 지인이 생겼다.

부임한 이듬해인 2008년에는 베이징올림픽이 열렸고, 또한 같은 해에 9만 명 가까운 희생자를 낸 쓰촨성 대지진이 있었다. 빈부나 도농(都農) 간의 격차, 환경이나 부패 문제도 심각해서 중국이 급속하게 발전하는 모습과 함께 많은 모순을 안고 신음하는 모습을 동시에 보여준 시기였다. 중국 전문가가 아니었던 내게는 상당히 신선하고 의미 있는 2년 3개월이었다.

당시는 중·일 관계가 비교적 양호하던 때로 그 후로 변화는 있었지만, 젊은이들의 감각이나 중국 사회의 기본 구도는 크게 변하지 않았을 것으로 생각된다.

이 장에서는 한국에는 그다지 알려지지 않은, 밖으로 잘 드러나지 않은 중국에 대해 나 자신이 체험한 그 생생하고 의외인 모습과 목소리를 소개해 보고자 한다. 인터넷, 젊은이들의 의식, 신문 보도의 특징을 살펴볼 것이며, 중국 지식인들(연구자, 관료, 기자, 문화인)과 실제로 나눈 대화와 논의도 (부담을 주지 않도록 익명으로) 소개한다. 역사 문제, 일본 인식, 한국관, 문화 등 다양한 내용이며, 흥미롭게 읽어주셨으면 한다.

중국의 젊은 세대와
인터넷

1921년 : 사회주의만이 중국을 구한다. (중국 공산당 성립)

1979년 : 자본주의만이 중국을 구한다. (개혁·개방정책 개시)

1991년 : 중국만이 사회주의를 구한다. (소련 등 사회주의 국가의 붕괴)

2008년 : 중국만이 자본주의를 구한다.

위의 글은 2009년 봄, 인터넷에 올라온 시사 댓글이다. 리먼 쇼크로 인한 금융위기가 전 세계를 뒤흔들었지만, 그중에서 재빨리 빠져나와 높은 성장률을 유지한 주요국은 중국뿐이었다는 고양감이 간결한 표현 속에 잘 드러나 있다. 예전의 중국은 도움을 받는 대상이었으나 지금은 오히려 세계 경제에 크게 기여하는 나라로 성장했다는 자부심의 표현인 셈이다.

그런데 이렇게 자부심 넘치는 자신만만한 중국이 있는 반면, 그것과 다른 중국이 현지에서 생활하는 동안 눈에 들어왔다. 공산주의청년단 기관지 〈중국청년보〉가 인터넷 회사와 공동으로 실시한 조사 결과를 살펴보자.

'① 당신은 중국의 최근 30년간의 발전 방향을 옳다고 생각하십니까?', '② 중국 경제는 앞으로도 순조롭게 비교적 빠른 성장을 이어갈 것이라고 생각하십니까?'라는 질문에 '그렇다'라고 대답한 사람의 비율은 다음과 같다.

	시민	네티즌	경제학자	대표위원
①	80.8%	63.9%	96.8%	96.7%
②	73.9%	44.4%	83.9%	84.2%

이것은 앞서 소개한 시사 댓글과 같은 해인 2009년 3월 9일자 〈중국 청년보〉 기사인데, 응답자들 사이에 뚜렷한 의견 차가 보여 흥미롭다. 여기에서 시민은 주로 대도시에 살고 있는 중산층, 대표위원은 공산당 원을 가리킨다. 이 결과에 대해 20, 30대의 몇몇 사람들에게 의견을 물어 보았다.

"정책을 결정하는 엘리트들은 사회 문제 해결이나 정치 안정을 위해서 '고도성장이 반드시 있어야 한다'고 생각하겠지요. 그리고 대도시의 중산층도 생활수준이 향상되고 좀 더 풍족하게 살고 싶은 생각에 '그렇게 되었으면 좋겠다'고 기대하겠고요. 그에 비해 인터넷을 통해 국내외 문제에 밝은 네티즌들은 비리사건이나 농촌과 도시의 격차 문제 등을 뻔히 알고 있으니, '너무 장밋빛 추측이 아닌가' 하고 생각하지 않을까요?"

이 조사 결과에서 엿보이는 네티즌들의 불만을 과장하는 것도, 과소하게 보는 것도 위험할 것이다. 어느 20대 청년은 "장래가 불안하다고 말하는 네티즌들이 중국의 현실을 부정하는가 하면 꼭 그렇지는 않다. 일단 어느 정도 생활이 가능해졌고, 개인 컴퓨터도 가질 수 있기 때문에 정보를 접하며 정부를 비판할 수 있다고 본인들도 알고 있다"고 말했다.

유력한 인터넷 회사를 찾아 간부를 만났을 때는 다음과 같은 이야기를 들을 수 있었다.

"네티즌도 다양한 계층의 사람들이 있겠지만 대체로 젊은 층이 많고, 거기에는 '소외된 사람들'도 포함돼 있는 건 사실입니다. 사회에 대한 불만 때문에 과격한 댓글도 많이 올라오고요. 그러나 그런 건 참고는 되겠지만 중국 여론 전체를 반영한 것은 아닙니다. 네티즌들의 반응이 곧 여론이 아님은 우리도 알고 있습니다."

그리고 또 이렇게 말했다.

"미국이나 프랑스나 일본에 대한 젊은 사람들의 저항감이 높아서 인터넷에 댓글이 쇄도하기도 하지요. 하지만 평소 그들과 얘기해 보면 사회적 격차와 부패, 복지나 환경에 대해서 '중국은 뒤처진 개발도상국가다'라는 자성이나 자조의 목소리도 많이 들을 수 있습니다. 또 다양한 견해의 필요성을 느끼는 사람들도 많고요. 인터넷에서 여론이 뜨겁게 달아오를 때도 대다수 학생과 젊은이는 냉정을 유지하고, 곧바로 행동으로 뛰어들지는 않지요."

이 간부는 미국에서 일한 국제파로, 인터넷에 대해서는 상당히 예리하게 파악하고 있었다. 서양 비즈니스맨과 이야기하고 있는 듯한 인상이었다.

'야스쿠니 신사'나 '자위대'라는 키워드의 댓글에 '일본 놈', '영원히 용서하지 않겠다' 같은 감정적인 표현을 많이 볼 수 있다. 그러나 일상적인 일본과 관련된 글에는 날카롭고 재미있는 것들이 많고, 일본을 긍정적으로 보는 시선도 적지 않다.

- '일본 시장 중에 자신은 민의를 반영하지 못하고 있다고 하면서 임기 도중 그만둔 사람이 있다. 일본의 민주주의가 부럽다. 부패와 부정이 많은 중국과는 많이 다르다.'
- '일본 애니메이션이 중국 청소년의 정신을 좀먹고 있다니, 웬만큼 판단력이 있는 사람이라면 이게 얼마나 멍청하고 유치한 주장인지 알 것이다. 민족의 허영심이다.'
- '문화대혁명으로 중국은 사람의 마음을 예사롭게 훼손하는 나라가 돼버렸다.'
- '인터넷의 반일 지사들이여. 애국의 원한으로 적을 공격한다는 발상은 예전의 일본 사람들이 하던 것이다. 일본 상품 불매를 외치는 사

람들이여. 당신들은 사지 않을 권리가 있지만, 애국이라는 이름으로 그것을 남에게 강요할 권리는 없다. 당신들은 일본 군국주의자들과 다르기 때문에.'

이런 목소리에 대해 젊은 지인은 "음, 통쾌하지만 이런 것이 또 일본 팬들에 대한 반발을 높이는 것도 있고…"라며 다소 복잡한 표정을 보였다.

중국 고등학생의 일본 방문 — "일본을 욕하는 것은 우리 수준이 낮다는 것을 드러낸다"

중국의 우수한 학교 가운데서도 몇 손가락 안에 꼽히는 명문학교인 베이징4중. 예전에는 당 간부 자제들이 많이 다녀서 '학부형회에서 중국 공산당 간부 모임이 가능하다'고 할 정도였다고 한다. 이제 그런 시대는 갔지만 지금도 베이징대나 칭화대에 백수십 명, 구미 쪽의 명문대학으로도 스무 명 이상 진학시키고 있다. 인민대학 부속학교와 함께 중국의 대표적인 명문고다.

그 베이징4중의 고등부 학생들이 2008년 5월, 처음으로 일본에 수학여행을 왔다. 일본 정부의 초청이 아닌 자비 여행이었다. 학생들이 일본으로 떠나기 직전, 나는 의뢰를 받고 학교로 가서 일본의 문화, 역사, 사회, 공해 극복, 개도국 지원 등에 대해 강연을 했다. 그들은 귀국 후 수학여행의 체험담을 책으로 묶어 출판했다. 역시 우등생들답게 아주 예리한 관찰이 많았다. 제1장(35~36쪽)에서도 간단히 언급했지만 여기에 그 일부를 소개하겠다.

- '공항이나 지하철을 비롯한 베이징의 사회기반시설에는 일본의 지원으로 만들어진 것이 많다. 기술 협력도 유상자금 협력도 일본에서 꽤 큰 지원이 있었다. 많은 병원에서 일본 의료기기를 사용하고 있고, 휴대전화에는 일본 부품이 들어 있다. 철저한 일본 제품 배척주의자는 베이징에 와서 물 마시는 것도 쉽지 않을 것이다.'

- '일본도 한때는 공해가 심각해서 여러 가지 피해가 있었다고 한다. 하지만 국민들이 각성하고 정부, 기업, 언론이 모두 협력해 공해 퇴치에 나섰다. 정부는 제품 생산과정에서의 폐기물 배출을 규제하는 정책을 추진해 환경을 개선했다. 그런데 중국은 어떤가. 언제쯤이면 정부는 건전한 법률로 기업의 오염 배출을 규제할 수 있을 것인가. 공허한 슬로건이 아니라, 실제 행동으로 옮길 수 있는 것은 언제쯤일까.'

- '중국에는 일본을 이러쿵저러쿵 욕하는 소리가 있지만, 실제 일본에 가본 뒤 비로소 알게 되었다. 그들을 욕하는 것은 우리 자신의 수준이 낮다는 것을 스스로 드러내는 셈이라는 것을.'

- '나는 일본인의 예의에 감동했다. 내 부주의로 남과 부딪혔을 때, 나도 머리를 숙였지만 상대는 더 깊이 고개를 숙이며 사과했다. 중국에서 이런 흐뭇한 경험을 한 적이 없다. 예의지국이라는 중국에서는 왜 기본적인 예절도 갖추지 못하는가.'

- '일본 회사원은 성심을 다해 열심히 일하지만 사장이 될 생각은 하지 않는다고 한다. 중국에서는 진정으로 착실히 일하는 사람은 그다지 많지 않다.'
- '일본 사람이 정성껏 다음 세대를 키우는 모습을 보고 일본이 지금의 자리에 이른 것은 우연이거나 한두 사람의 힘이 아닌 것에 감탄했다. 우리와의 차이는 아직 크다.'
- '일본 사람들은 남에게 폐를 끼치지 않으려고 신경을 많이 쓴다. 식사 중에는 작은 소리로 이야기한다. 식당도 비교적 조용해서 기분이 좋았다. 주위를 살피지 않고 큰소리로 떠들면서 식사하는 사람은 우리뿐이었다.'
- '일본의 다코야키는 맛있다. 겉은 씹히는 맛이 있고, 속은 부드럽다. 소스와 가쓰오부시를 뿌려 먹으니 문어 맛이 더 신선하게 느껴졌다. 일본에서는 음식이 그릇에 예쁘게 담겨 나온다. 색깔도 고와서 식욕이 당긴다. 일본 음식은 먹는 것을 넘어서 그림을 보는 것 같다.'
- '어느 매장을 가더라도 점원은 상품 정보를 잘 알고 있고, 예쁜 포장지로 싸준다.'
- '일본인의 인사예절은 참으로 대단하다. 버스 기사는 60세가 넘은 분인데, 금각사에서 갑자기 비가 쏟아지자 우리에게 일일이 인사하며 우산을 건네주었다.'
- '정말로 우리들은 할 수 없는 것일까. 아니다, 우리들도 일본에서 길을 갈 때는 작은 소리로 이야기하고, 신경 써서 줄을 맞춰 걷는다. 일

본이라는 환경이 그렇게 만드는 것이다. 마음속의 애국심이 민족의 존엄을 손상시키는 행동을 허락하지 않는 것이다. 그런데 우리나라 땅을 밟으면, 그러한 좋은 습관은 자취를 감춘다.'

아직 어린 고등학생들이지만 장차 중국의 엘리트가 될 그들. 이웃나라 일본을 배우려고 하는 순수한 열의와 자기비판 정신. 이것은 중국의 약점이 아니라 강점이다.

일본인은 소양이 높다!

2007년 6월 일본의 '중·일 청소년 교류 30주년 사절단' 일행 200명이 중국을 방문해 큰 환영을 받았다. 인민대회당에서 그들을 맞아준 사람은 후진타오 국가주석이었다. 그는 회견에서 만찬까지 세 시간 이상을 사절단 일행과 자리를 함께했다. 인민해방군과 당 간부를 포함한 각계 인사가 참석한 이날 만찬에서는 일본 노래가 네 곡이나 불렸는데, 중국 국민 가수가 일본어로 노래하는 장면도 몇 번 볼 수 있었다(그 가수 중 한 명이 현 국가주석 시진핑의 부인인 펑리위안 여사였다).

이런 극진한 환대는 후 주석이 1980년대에 공산주의청년단 제1서기로서 중·일 청년 교류의 실무 책임자였던 것과 무관하지 않을 것이다. 그렇다고 해도 국가원수 주최 만찬, 그것도 내외신 보도진도 있는 자리에서 일본 노래를 부르며 환영해준 일은 오랫동안 한국에서 근무한 내게는 의외이며 신선했다. 일본이나 일본 문화에 대한 중국과 한국의 수용 자세에 차이가 있음이 여실히 드러난 행사였다.

2008년 5월 쓰촨성 대지진이 일어났다. 목숨을 잃거나 행방불명된 사람이 8만 7,000명에 이른 대참사였다. 일본에서도 긴급 원조대가 급파되었다. "한시라도 빨리 구출하고 싶다. 어떠한 수고도 마다하지 않겠다"는 대원, 구출하지 못했다고 자신을 탓하는 대원의 모습이 중국인의 심금을 울렸다. 더 큰 화제가 된 것은 한 장의 사진이었다. 피해현장에서 희생자 시신을 앞에 두고 일본 구조대원들이 좌우로 정렬하여 묵념하는 장면이었다. 이 사진은 인터넷을 비롯하여 신문, 잡지에도 널리 소개되었고, 중국 사람들은 "우리도 저렇게 할 수 있을까?"라며 일본인의 예절에 놀라워하며 감동했다.

일본인으로서는 지극히 보통의 일이며 당연한 일인데 당혹스러울 정도로 큰 반응을 보이며 '일본인은 인간으로서의 수준이 높다'는 평가가 확산되었다. 인터넷은 그 익명성 때문에 종종 부정적인 반응이 확산되지만, 이 경우는 인터넷이 긍정적인 평가를 넓힌 예였다.

일본에서 연수를 받은 외교부의 젊은 여성에게 일본에 대한 인상을 물어보았다.

"무라카미 하루키도 요시모토 바나나도 아쿠타가와 류노스케도 읽었습니다. 녹색이 많은 아름다운 시가지, 편리한 생활 시설이나 패션은 특히 여성에게 매력적입니다. 다도나 꽃꽂이를 배우는 친구도 많아요. 일본은 멋진 전통과 초현대적인 생활이 공존합니다. 만화나 애니메이션, 영화가 인기가 높아요. 멜로물뿐만 아니라 사회성이 짙은 작품도

요. 최근에는 〈오쿠리 비토〉라는 영화가 좋았어요. 일본식 화과자나 양과자를 좋아하는 중국 사람도 많아요. 어린아이가 있는 집에서는 품질도 안전성도 높은 일본 분유와 육아제품을 선호하고요."

중국의 젊은 세대와
일본

베이징대학, 칭화대학의 일본 문화 열기

여기서 잠시 베이징대학의 일본어학과에 대해 말하고 싶다. 나는 이곳에 2년간 일곱 차례 방문했다(이외에도 베이징 외국어대 5회, 칭화대 4회, 인민대 4회, 베이징 제2외국어대 3회, 톈진 외국어 학원 3회, 외교학원 2회 방문).

거의가 일본어는 처음인 학생들이어서 1학년 때는 오십음으로부터 시작해 교재를 철저히 외우도록 한다. 주마다 학생들에게 '백 번 읽기' 과제를 내주는 열혈 교사도 있다. 학생들이 또박또박 쓴 '아이우에오'를 직접 보기도 했다. 한 교사가 "정말 아무것도 모르는 초보에서 시작하는데도 잘 받아들이고, 일 년 사이에 이렇게 늘었나 싶을 정도로 뛰어난 학생이 몇 명 있어요. 가라오케에 가보면 일본 노래를 멋지게 부르는 학생들도 많고요"라고 했다.

베이징대학, 칭화대학, 베이징 외국어 대학을 비롯한 여러 대학이 중·일 학생 교류와 일본문화 행사를 열심히 추진해주었다. 일본어 스피치 대회, 일본 노래 자랑, 애니메이션이나 드라마 대사의 일본어 더빙 등 어느 것에나 놀라울 정도로 수준이 높았다. 기모노 입어보기나 다도, 꽃꽂이, 일본 무도 퍼포먼스, 일본 요리 강습 등 프로그램도 다채로웠다. 내가 모르는 J팝이나 애니메이션 주제곡을 중국 학생들에게 일본어로 배우던 즐거운 기억도 있다. 어느 대학이든 학생들이 대학 측과 행사를 상의해 기획하고 실행했고, 우리 대사관에서도 지원을 했다.

일본 문화 팬이라는 학생이나 사회인을 만나서 이야기도 들어보았다. 초등학생 1~2학년 때는 〈도라에몽〉, 그 후로는 닌자들이 화려한 전투를 펼치는 〈나루토〉. 중·고등 학생들은 〈슬램덩크〉, 〈명탐정 코난〉〈테니스의 왕자님〉, 좀 더 나이가 들면 〈데스 노트〉 팬이라는 패턴이 많았다.

20대 중반의 한 젊은이가 내게 말했다. "중학생 때는 〈슬램덩크〉에 푹 빠져 있어서, 학교에서 쉬는 시간이면 남녀 할 것 없이 모두 농구를 했어요. 그 후로도 동영상으로 몇 번이고 되풀이해서 봤지요."

또 칭화대학의 한 남학생은 이렇게 말했다. "중국에서는 아이들 수준을 너무 낮게 잡아서 만화 작품이 말 그대로 '애들 장난'이에요. 하지만 일본은 그림도 스토리도 수준이 매우 높습니다. 아이나 청소년의 고민을 정면으로 진지하게 다루고 있어요. 〈도라에몽〉의 노비타는 약골에 학교 성적도 형편없지만, 용기를 내서 어려움에 맞서가며 성장합니다. 또 아이들의 변신 욕구를 충족시켜 주는 만화도 있어요. 아이들에게 용기와 꿈을 줍니다."

베이징대학을 졸업한 후 은행에서 근무하는 여성은 이렇게 말했다. "부모님은 일본과는 아무 인연이 없지만, 일본에 대해서는 좋은 인상을 가지고 있고, 일본 문화와 언어를 공부하는 저를 격려해 주셨습니다. 저는 일본 전통문화를 좋아해서, 기모노 입어보기 체험 때는 정말 기뻤습니다. 특별히 지식인이 아니라 해도 일반 국민들이 모두 기본적인 교양을 갖추고 있어서 일본 사람이 좋고 부러워요. 지금은 중국 기업에 다니고 있지만 언젠가는 일본에서 유학 생활을 하고 싶어요."

인터넷에서는 일본의 신제품 뉴스, 아키하바라 정보, 예능계 소식, 관광, 전통문화에 관한 내용도 소개하고 있다. 중국의 국가 공무원 두 사람에게서 이틀에 걸쳐 똑같은 이야기를 들은 일이 있다. "하마사키 아유미는 귀가 들리지 않는다고 하던데, 사실이에요? 딸아이가 학교에서 듣고 울어버렸다고 합니다."

나는 젊은이들에게 인기 있는 가수 하마사키 아유미의 이름은 알았지만, 귀에 대해서는 몰랐다. 알아보니 왼쪽 귀가 난청이라는 뉴스가 일본 국내에서 있었다.

일본 문화를 좋아하는 팬 가운데에는 부유한 가정의 아이가 많다는 이미지가 있지만 꼭 그렇지도 않다. 대사관의 광보문화센터에서 열린

J팝의 팬 모임에 가보았더니, 참가자 중에는 고등학교나 전문대를 졸업하고 사회로 진출한 젊은이들도 많았다. 일본어 전공이 아닌 사람들도 상당수 있어서 일본 문화의 저변이 꽤 넓게 확대돼 있는 것을 실감했다.

베이징 외대에서 강의할 때, 일본 다도 이야기를 하던 중에 '일기 일회(一期一會)'라는 단어를 스크린에 띄우자 수많은 학생들이 일제히 '이치고 이치에'라고 외쳐서 놀란 일이 있다. 일본 학생들도 정확히 읽기 어려운 일본어다. '지금의 이 만남은 인생에서 단 한 번뿐일지 모른다'라는 마음으로 정성껏 차를 달이고 손님을 대접하자는 다도의 마음가짐을 새긴 말이다.

80년대의 일본 영화 붐은 대단했다

중국의 영화학자 류원빙 박사는 이렇게 쓰고 있다.

'중국에는 공전의 영화 붐이 일었다. 1970년대 후반부터 80년대 전반에 걸쳐서 〈그대여, 분노의 강을 건너라〉, 〈모래의 그릇〉 같은 일본 영화가 속속 수입되면서 센세이션을 불러 일으켰다. 또한 비슷한 시기에 〈우주소년 아톰〉, 〈잇큐 상〉, 〈밀림의 왕자 레오〉 등 일본 애니메이션도 전국 대상의 중앙전시대 CCTV 전파를 타며 아이들 사이에서 절대적인 인기를 얻었다. 잇달아 〈붉은 의혹〉, 〈오싱〉 같은 일본의 TV 드라마가 중국에서 방영되면서 경이로운 시청률을 올렸다.'

'1979년은 영화 관객 동원 수 293억 명(국민 1인당 28회)이라는 놀

라운 숫자를 기록했다. 그중에서도 일본 영화는 절대적인 인기를 누렸다.'

'전례 없이 일본인 스타가 열광을 받는 중에도 카리스마적 존재로서 압도적인 인기를 누린 사람은 다카쿠라 겐과 야마구치 모모에였다. 야마구치 모모에의 사진은 잡지 표지나 달력 등 온갖 인쇄물로 널리 유통되었다. 그녀의 브로마이드를 지갑에 넣고 다니는가 하면, 그녀와 똑같은 헤어스타일이나 복장을 한 여학생들이 거리에 넘쳐났다. 야마구치 모모에를 닮았다는 선전 문구를 내걸고 유명세를 타려는 젊은 중국 여배우들이 속출했다.'

장이머우 감독은 류원빙 박사와의 인터뷰에서 다음과 같이 말했다.

"문화대혁명 시기에는 혁명을 소재로 한 정치선전 영화뿐으로, 아주 지루하고 단조로웠습니다. 〈그대여, 분노의 강을 건너라〉는 영화 자체로서의 완성도가 높았을 뿐 아니라, 다카쿠라 겐의 스타성에 힘입어 중국에서 절대적인 인기를 누렸습니다. 이 영화를 열 번 이상 본 사람도 있을 정도니까요.

영화 팬들은 어디에선가 소문을 들으면 4~5킬로미터나 되는 거리도 마다않고 달려옵니다. 나 자신도 이 영화를 야외 상영으로 본 일이 있답니다. 야외에 거대한 스크린이 걸리고, 그 정면의 일등석에는 1만여 명이나 되는 인파가 진을 치고서 보더군요. 그뿐인가요. 8,000여 명쯤 되는 사람들은 스크린의 뒤쪽에서 뒤집힌 화면으로 보고 있었습니다.

다카쿠라 겐은 문혁 직후 중국의 국민적 스타였어요. 얼마 전 일본에서 있었던 '욘사마' 붐의 몇십 배나 될 만큼 대단한 인기였습니다. 당시 중국의 남자 배우들은 앞다퉈 다카쿠라 겐을 흉내 낼 정도였으니까요. 옷깃을 세우고 쿨한 표정을 짓는다든가 하면서…."

농민공 소학교 방문

일본어 작문 대회에서 입선한 글을 소개해 보겠다.

'할아버지는 군인이었습니다. 몸에는 전쟁의 상처가 아직도 남아 있습니다. 어린 시절에는 그런 할아버지를 뿌듯하게 여기고 친구들에게 자랑도 했었습니다. 일본 사람은 무섭고 나쁘다고 생각했었는데 TV 드라마 〈오싱〉을 보고, 또 시인 요사노 아키코를 알게 되고는 생각이 바뀌었습니다. 전쟁의 상처를 명예로 여기는 것은 정말 어리석은 일이라고 생각하게 됐습니다.'

베이징을 떠나기 직전인 2009년 5월 베이징 시내 동북부의 농민공 소학교를 방문했다. 농촌에서 대도시로 나온 노동자를 농민공 혹은 민공이라고 부른다. 주로 건설업이나 경공업, 서비스업에 종사하는 단순 노동자들로 중국 경제를 떠받들고 있는 사람들이다. 노동조건이나 사회보장 등이 다른 근로자들보다 빈약해 힘들게 사는 경우가 많다. 농민공의 자녀들은 고등학교나 대학 진학률이 훨씬 떨어진다. 지방에서 자란 아이는 고층 빌딩이나 넓은 도로, 도시의 소란스러움에 잘 적응하지 못하고, 도회인들의 깔보는 듯한 시선을 느끼며 산다.

초대를 받고 우리 대사관원 몇 명이 찾은 그 학교는 목욕탕이나 마사지 간판이 늘어선 상점가의 한 모퉁이에 있었다. 몇몇 점포를 교실로 사용하면서 상가에 인접한 허름한 공터를 교정으로 쓰고 있었는데, 어엿한 교사가 있는 것은 아니었다.

그 교정에서 학예회가 열렸다. 연극, 노래, 무술 시범, 익살스러운 만담부터 영어로 하는 퍼포먼스까지 프로그램이 다양했다. 학부형석(모두 입석)에서 몇 차례 웃음이 터져 나왔다. 소매에 리본을 단 반장처럼 보이는 여학생이 똘똘하게 사회를 보았다.

비교적 가정 형편이 어려운 집안의 아이들이라 마음 한 구석에 동정심을 느꼈던 나 자신이 부끄러웠다. 교실도 운동장도 한국이나 일본에서는 찾아볼 수 없을 만큼 열악했지만 아이들은 생기가 넘쳤다. 차례가 끝나고 자기 자리로 돌아와서는 친구들의 공연을 지켜보는 아이들을 보니 기본적인 규율을 평소 잘 익히고 있음을 알 수 있었다.

비록 상점가의 교실에서 공부하고 있지만, 그 아이들이 자라서 꿈을 실현시키는 날이 반드시 올 것이다(그렇게 되기를 나는 진심으로 바랐다). 사회를 보던 여학생은 시간 배분, 음향 효과, 선생님과의 연락 외에도 지켜보는 어른들의 반응도 살피면서 훌륭하게 행사를 잘 이끌어갔다.

이날 우리는 문구류를 기부했는데 오히려 우리 자신이 격려 받고 고무된 느낌이었다. 기분이 절로 환해지는 밝고 씩씩한 학교였다.

중국 공산당 초대 총서기도, 중국 근대문학의 아버지도 일본 유학

중국의 해외 유학은 대부분 서구 지향적이다. 내가 베이징에서 근무할 때 런민대학 법학부에서 '일본 유학의 매력'을 주제로 공개 세미나가 열린 적이 있다. 런민대학 내에서도 특히 법학부는 유력하고 저명한 학자들도 여러 분 계셨다. 교수들은 일본 유학 경험자들이 많은데, 일본어가 능숙할뿐더러 학생들에게 일본으로의 유학을 적극 장려하고 있었다.

어느 교수는 '일본 유학의 세 가지 장점'에 대해 이야기했다. 첫째, 영어·중국어·일본어가 가능하면 문헌 조사에서 압도적으로 유리하다. 둘째, 일본은 학습과 교육의 방법이 치밀하고 엄격해서 학문을 제대로 단련할 수 있다. 셋째, 일본 사회와 문화를 관찰하면 전공 이외에도 많은 것을 배울 수 있다.

중국의 심각한 환경 파괴를 걱정하면서, 고도 성장기에 겪게 된 공해 문제를 훌륭하게 극복한 일본의 경험을 배우고 싶다는 학생도 있었다.

20세기 초 일본에는 1만 명의 중국인 유학생이 있었다. 중국 공산당 창립 멤버인 리다자오(李大釗)와 천두슈(陳獨秀), 중국 근대문학의 아버지로 불리는 루쉰(魯迅), 고고학자이자 문학가이며 정치가였던 궈모뤄(郭末若), 대만 초대 총통인 장제스(蔣介石). 그리고 오랫동안 총리를 지낸 저우언라이(周恩來)도 1년 반이지만 일본에 유학했었다.

루쉰은 1904년 센다이의 도호쿠대학 의학부에 진학했다. 유학 중에 루쉰은 일본인과 똑같은 생활방식으로 살려고 했다. 일본 옷인 하카마를 입고, 장지문을 배경으로 책상을 향해 앉은 루쉰의 사진이 지금도 남아 있다. 평소 경애하던 소설가 나쓰메 소세키가 예전에 살았던 집에서 친구와 함께 기거한 적도 있다.

대표 작품인 《아큐정전》은 자존심만 강한 아큐가 실은 참담히 패배했음에도 마음속으로는 '내 조상은 그놈 조상보다 높은 사람이었다'라는 승리감을 갖는 '자기 기만'을 그렸다. 현실을 제대로 파악하지 못하고 대국의식에 사로잡혀 있던 당시 중국 사회의 병리를 고발한 것이다. 이 작품은 후에 마오쩌둥이 높게 평가한 것으로도 유명하다. 루쉰은 7년 반 동안의 생활로 일본어를 유창하게 구사했으며, 중국으로 돌아와서도 일본인들과 계속 교류를 이어갔다. 베이징 루쉰 박물관에는 그가 말년에 죽음을 앞두고 일본인 의사에게 보낸 짤막한 편지가 전시돼 있다. 그의 마지막 필적은 이 일본어였다.

'중국 건국의 아버지' 쑨원(孫文)은 일본에 살았던 시간이 총 9년으로, 일본인과 매우 깊은 인연이 있었다. 그가 중심이 된 '중국동맹회'는, 많은 일본인의 지원을 받아 1905년 도쿄에서 설립되었다.

또한 나중에 중국 공산당의 초대 총서기가 된 천두슈는 당시 청나라 정부의 독려도 있고 해서 일본으로 유학, 1901년 도쿄의 세이조(成城) 학교에 입학한다. 그 후 때때로 일본에 체류했는데, 1915년 귀국해서는 《신청년》을 창간했다. 이 잡지를 통해서 루쉰 같은 작가나 학자, 정치인들 다수가 세상으로 나왔다. 천두슈는 그 후 1921년에 와세다대학 유학생 출신인 리다자오 등과 함께 상해에서 중국 공산당을 결성했다.

20년 이상 총리를 역임하며 서민들의 존경을 받았던 저우언라이는 톈진의 난카이 중학교를 졸업하고, 1917년 가을부터 도쿄고등사범학교에 입학하기 위해 공부했다. 당시의 일기와 사진이 남아 있어서 도쿄 곳곳을 돌아다니며 견문을 넓히던 모습을 알 수 있다. 하지만 그는 지망 학교에 합격 못 하고 귀국했다가 나중에 프랑스에서 유학한다. 그가 고향으로 돌아갈 무렵에 교토에서 읊은 시 〈빗속의 아라시야마〉는 석비로 새겨져 교토의 경승지 아라시야마에 서있다.

중·일간의 국교가 회복된 뒤 1973년 중국 정부가 전후 처음으로 일본으로 유학생을 파견하는데, 이 1기생 가운데 2008년 주한대사, 2010년에는 주일대사를 지낸 청융화(程永華) 등이 있다.

왕이(王毅) 외교부장도 유창한 일본어로 유명하다. 베이징 재임 시절에 칭화대학 공산당 서기 취임식에 초대받았다. 도쿄대학에서 유학하고 있던 그는 연설에서 "당초 예정돼 있던 유학 기간으로는 일본어를 제대로 익힐 수 없어서, 발표도 영어로 했다. 이래서는 안 되겠다 싶어 기간을 연장하고 공부해서 일본어로도 발표할 수 있게 되었다"라고 말했다.

중국 언론의 의외의 주장 1
- 냉정한 일본관

〈환구시보〉의 논쟁 ─ 일본의 국가 이미지는 세계 최고

〈환구시보〉는 〈인민일보〉와 함께 중국 공산당의 기관지인데, 국제 뉴스에 비중을 둔 새로운 타입의 일간지로 주목받고 있다. 때때로 대립하는 견해의 지상 논쟁도 벌어지고 있어서 흥미롭다. 2009년 봄에는 일본을 둘러싸고 지상 논쟁이 있었다.

이 논쟁은 3월 13일자에 실린 중국 칭화대 국제문제연구소 옌쉐통(閻學通) 소장의 '국가의 가장 숭고한 목표는 부가 아니다'라는 장문의 기고가 발단이 되었다.

"국민의 이익은 부를 갖는 것에만 있는 것이 아니다. 안전한 환경을 필요로 하며, 주권 권력을 필요로 하며, 국제적인 존엄과 민족의 가치관을 실현하는 것을 필요로 하며…"

"부를 늘리는 국가가 강대하다고 할 수는 없다. 일본은 1968년부터 1988년 사이에 독일이나 소련을 제치고, GDP 세계 제2위의 국가가 되었다. 하지만 일본은 세계 제2의 대국 혹은 강국이 되지는 못했다. (중략) 단순하게 국가의 부를 키울 일이 아니다. 경제력뿐만 아니라 안전보장 능력, 군사 능력, 사회보장 능력, 교육 능력을 높여야 할 것이다."

"개혁·개방을 추진 중인 중국 앞에는 지금 세 갈래 길이 있다. 미국처럼 세계의 리더가 되는 길, 러시아처럼 미국과 어깨를 나란히 하는 곳에 다가가다 쇠미해지는 길, 일본처럼 발전의 중간에서 쇠미해지는 길이다. 중국은 제2차 세계대전 후의 일본처럼 '부는 있으나 강하지 않은 나라'가 될 위험성이 있다. 중국은 부를 늘리는 일보다 능력을 키우는 방향으로 전환해야 한다."

이에 대해 중국 내부로부터 반론의 목소리가 잇달아 올라왔다. 우선 18자 같은 신문에 〈인민일보〉의 딩강(丁剛) 고급편집위원이 등장했다.

"국가의 가장 숭고한 목표는 공평과 정의의 보장인데, 옌 소장의 논문은 이 사실을 경시하고 있다. 현대국가에서 '강대함'이란 절대다수의 서민이 행복하게 살 수 있도록 하는 것이다."

"일본 사회는 매우 안정돼 있다. 공평하고 우수한 복지보장제도가 있기 때문이다. 거리의 부랑자도 돈 많은 부자도 같은 의료서비스를 받을 수 있다. (중략) 일본은 몇 차례나 경제위기를 극복해 왔다. 이것을 강대하지 않다고 한다면 대체 무엇이 강대한 것이란 말인가. 2007년 세계 주요국 조사에서 일본의 국가 이미지는 세계 제1위였다."

"옌 소장의 논문에서 말하는 세 가지 길(중국의 장래)을 보면, 일종의 실력 숭배의 콤플렉스가 느껴진다. 다른 나라에게 2류로 보여도 상관 없다. 절대다수의 국민이 공평하고 정의가 살아있는 분배체제의 은혜를 받아 안심하고 즐겁게 일하는 행복을 누릴 수 있다면 그것으로 좋은 것이다. 세계 제일의 강국이 반드시 좋은 나라라고는 할 수 없다. 절대다수의 국민에게 행복한 삶을 누릴 수 있도록 하는 국가가 절대적으로 좋은 나라다."

딩강 편집위원은 일본 주재 경험은 없으나 구미에서의 경험은 많다. 식사에 동석했을 때는 영어로 이야기했지만, 일본에도 높은 관심을 가지고 있었다. '국가의 능력, 강대함보다 국민의 행복'을 말하는 논리, 서민이나 약자를 향한 따뜻한 시선, 중국의 통념에 사로잡히지 않은 일본에 대한 공정한 시선은 인상적이었다. '2류로 보여도 상관없다'는 말도 용기 있는 발언이다. 좋은 의미의 리베럴리즘이 중국 일각에 살아 있음을 보여준 글이다.

이어서 23일에는 원이(聞一) 중국사회과학원 세계역사연구원 연구위원의, 그리고 일본에 거주하고 있는 경신(庚欣) 씨의 반론이 게재되었다.

원이 연구원은 "소련은 먼저 나라를 강대하게 하고 나서 국민은 풍족하게 한다는 노선이었지만 중도에서 그만 편협한 민족주의에 물든 애국주의가 팽창하기 시작하면서 오만한 패권국이 되고 말았다. (중략) 풍요롭지 못한 국민의 불만, 민족분쟁, 사회의 동요를 초래했다. 소련은 해체되어 한순간에 2류 국가로 전락해버렸다", "소련의 애국주의는 가짜 애국주의이고, 백해무익한 것이다" 등의 주장을 펼쳤다.

한편 경신 씨는 "일본에 대한 평가가 낮은 데는 편견이 있기 때문이다. GDP로 보나 HD(인간개발지수 : 평균수명 및 소득지수 등의 복합통계)로 보나 일본은 좋은 나라다", "일본인 자신의 자긍심을 보더라도, 해외에서의 평가를 보더라도 일본은 언제나 세계 상위권에 이름을 올리고 있고, 세계로부터 존경을 받고 있다. 사용자를 배려한 소비재나 에너지 절약 제품, 조화와 신용을 중시하는 일본의 비즈니스는 앞으로도 선두를 달릴 것이다", "국가의 가치는 군사력과 무관하다. 생활, 복지, 환경보호 등 소프트 면에서의 지표가 점점 더 중요해지고 있다. 예전의 중국은 '총구에서 권력이 나온다'는 사상을 지나치게 강조한 나머지 폭력에 대한 잘못된 믿음을 가졌었다. (중략) 중국에는 항공모함도 필요하지만, 그보다 더 필요한 것은 소프트 파워다"라고 주장했다.

옌 소장의 기고에는 일본에 대한 오해 내지는 편견이 드러나 있어서, 나 자신이 옌 소장의 연구실을 방문해서 지적해 두었다.

사실 나는 옌 소장의 논문에 대한 반론을 쓰기 시작했었다. 그런데 그 작업 중에 중국 식자층에서 연이어 반론이 올라왔다. 중국 논단의 건전함이 인상적이었다.

〈중국청년보〉의 모체인 중국 공산주의청년단은 오랜 기간에 걸쳐 공산당의 지방 간부나 중앙정부 지도자들을 배출해왔다. 이전에는 후야오방 전 주석, 최근에는 후진타오 전 주석, 리커창 총리 등이 이곳 출신이다. 엘리트 양성기관으로서, 또한 일본을 비롯한 다양한 국가와의 교류 주체로서 활발히 활동하고 있다.

"만약 우리가 원한으로 두 눈을 가리고, 분노로 이성을 마비시키며, 편견과 적의에 가득 찬 눈으로 전후 일본을 바라본다면, 상상만으로 일본 이미지를 구축한다면, 우리들은 필시 정체되어 스스로 생각을 속박해버릴 것이다. 이래서는 중국과 일본, 어느 쪽에도 도움이 되지 않는다. 우리는 이런 모든 것을 버리고 공정하고 객관적인 눈으로 일본을 봐야 한다. 그렇게 하면 우리는 보이지 않던 '또 하나의 다른 일본'을 발견할 수 있을 것이다."(《중국청년보》, 2008. 8. 19)

한국뿐만 아니라 중국에도 전쟁 전의 일본상을 전후의 일본에 투영해 일본을 부정적으로 보려는 경향이 있다. 위의 기사는 이런 문제의 핵심을 예리하게 지적하면서 한 걸음 앞으로 내디딘 용기 있는 발언이다.

일본과 진지하게 마주하고 배우려는 자세는 이전에 한국에도 있었지만, 위의 기사와 같은 논조는 최근 들어 약해진 것 같다. 잡지《환구》(2008. 9.1)에 실린 글로도 중국의 일본에 대한 냉정한 분석을 엿볼 수 있다.

"일본의 중국 연구는 세밀하고 깊이가 있어서, 우리 중국인이 상상할 수 없는 분야까지도 연구하고 있다. 우리 자신보다도 더 자세히 알고 있다. 일본의 중국 연구 기관은 대학뿐 아니라 기업이나 정부 관련 단체에도 있으며 중국의 농촌 문제, 현대 연극, 이슬람교 등 수많은 분야에서 상세한 연구가 이뤄지고 있다."

"중국의 일본 연구는 한참 뒤떨어져 있다. 일본을 볼 때 감정이 앞서거나 문화적 우월감을 갖는 등 심리적 요인 때문일 것이다. 중국의 일본 연구는 자칫 틀에 박힌 상식 수준에서 그치기 쉽다. 상대국의 민족적 특성을 파악하는 데 있어 수박 겉핥기 식 연구는 결코 바람직하지 않다."

중국 언론의 의외의 주장 2
- 민족주의 비판, 균형감각

**'역사를 모르고 슬로건만 외우는 과격한 민족주의는 중국의 장
애물'**

〈중국청년보〉도 당의 기관지다. 중국 공산주의청년단 계열로, 지면
구성은 고전적이나 예리한 견해가 잘 드러나 있다. 2009년 5월 19일의
기사를 살펴본다.

"중국은 강대한 나라라고 할 수 없다. 비만하기만 할 뿐이다. 역량이
부족할 뿐 아니라, 병적 요인도 안고 있다. 과학기술의 창조성이 빈약
하다. 고도성장은 값싼 노동력과 환경오염이라는 혹독한 대가를 딛고
서 있다. '비만'의 비싼 대가로서 환경오염, 희기병(稀奇病)의 발생, 품
질의 안전문제가 심심찮게 터져 나오고 있다."

"중국에는 커다란 양극화 현상이 있기 때문에, GDP는 표면만의 번

영이다. 절대다수의 사람들이 평균 이하의 상태에서 빈곤한 삶을 살고 있다. 공허한 행복감에 젖어서는 안 된다."

급성장하고 있는 중국은 고양감이 있는 것과 동시에, 스스로의 단점도 잘 보고 있는 것 같다. 자만심에 빠져 있을 시간에 그만큼의 땀을 흘리자고 하는 건전함이 있다면 사회는 지속적으로 발전할 수 있다. 중국의 매체들은 '사회 계몽과 선도'에 사명감을 가지고 때로는 당이나 정부와 호흡을 맞추면서 이를 열심히 실천하고 있음을 느꼈다.

여기서 다시 〈환구시보〉로 돌아가 보자. 2007년 8월 말부터 2주 동안 주목해 볼 만한 기고문이 잇달아 게재되었다. 그 가운데서 '왜, 항상 과격한 사람이 있는 것일까(2007. 9. 6)'라는 기고문을 소개해 보겠다.

"소위 민족주의자라고 하는 애국자들이 '한간(漢奸)'이니 '매국'이니 하는 말로 비판한다. 일본 군국주의뿐만 아니라 모든 일본인, 자기와 생각이 다른 사람에 대해 무조건 돌을 던지거나 욕을 한다. 사실 과격한 생각을 쏟아내는 것은 가장 쉬운 행위다. 역사를 제대로 알지 못해도 슬로건 몇 개만 외우고 있으면 된다. 생각한다거나, 분석한다거나, 구별할 필요도 느끼지 않는다. 스스로는 그 무엇도 하지 않고, 그저 남이 하는 일에 반대만 하면 그만이다. 외국 배척을 애국이라고 생각하고, 폭력에 대해 폭력으로 해결하는 것만이 역사를 잊지 않는 행위라고 여긴다. 자신과 의견이 '다르면' 모두 '한간'이라고 몰아붙인다."

"이러한 편협하고 경직된 시선으로 역사와 세계를 본다면 필시 과격하고 배타적이 되어, 세계의 흐름이나 역사적 진실, 민족의 이익에 반하는 결과를 초래하게 된다. 자신들은 누구보다 민족적이고 애국적이라고 생각하겠지만, 사실은 중국인의 이미지에 먹칠을 하고 중국의 발전과 강대국으로 가는 길에 장애가 될 뿐이다. 민족의 근본적인 이익에 손해가 되는 것이다. 강한 민족은 반드시 자신이 있으며, 자신이 있는 민족은 반드시 개방적이다. 과격함을 억누르고 관대해져야 한다."

이렇게 민족주의를 향한 대담한 비판에 놀라서, 중국 친구와 대사관 선배에게 물어 봤다. 그들은 "그렇다. 중국 사회의 저류에는 시야가 넓은 전통 엘리트층이 엄연히 존재하고 있다", "민족주의적인 애국심에서 촉발된 일본이나 외국에 대한 항의 행동은 여차하면 중국 당국으로 창 끝이 돌아갈 수 있기 때문에, 당국자들도 경계해야 한다"는 설명이었다.

일련의 기고문의 필자 가운데 한 사람은 지인이었다. 그가 말했다.

"애국심 자체는 자연스럽고 좋은 것이지만, 독선적이고 감정적인 민족주의는 중국에 도움이 되지 않는다고 전부터 생각하고 있었다. 내 이런 생각이 지인을 통해 편집부에 전해져 기고 의뢰가 들어온 것이다."

'자만과 자제'의 절묘한 균형으로 여론 유도

'중국에는 저널리스트가 없다. 당이나 정부의 지시대로 쓰고 있을 뿐이다'라는 시각이 일본에는 있다. 확실히 그런 경향이 있기는 하나, 꼭 그렇지만도 않다. 한국이나 일본의 기자들과는 달리 낮은 급료와

중국 신문들의 논조 : '자만과 자제'

	자만 · 고양	자제
베이징올림픽	세계는 중국을 극찬. 미국과 큰 격차 벌이며 금메달 세계 최다.	금메달 수가 곧 대국은 아님. 구미와는 격차 큼. 메달을 딴 탁구, 배드민턴, 양궁, 다이빙은 세계에선 비인기 종목. 스포츠 저변이 매우 좁고 선진국과 큰 차이.
미국과 중국의 'G2'론	세계는 중국의 약진을 칭찬. 각국이 불황 회복을 중국에 기대. 미국도 중국 중시.	현실은 미국의 '일강'. 중국은 중하위의 개발도상국. 미국 외교는 동맹국 중시.
중국의 대외 메시지	세계 각지에서 중국, 중국어 붐. 관심 날로 커져.	스스로 잘났다는 태도는 안 됨. 외국인에게 국내에서처럼 긴 인사말, 무거운 선물은 자제. 현대 중국은 알려져 있지 않음.
중국과 프랑스 관계	프랑스는 왕년의 힘이 없고, 자존심은 높지만 겁나지 않다. 프랑스는 중국을 필요로 함.	유럽, 프랑스와의 관계는 중요. 카르프(Carrefour) 불매운동으로 손해 보는 것은 중국. 냉정해지자.

불안정한 지위에 허덕이면서도, 아슬아슬한 선까지 진실을 찾아다니며 맞서 싸우는 기자들이 있다. 행정면의 엉성함이나 부정부패에 대한 비판 기사가 끊임없이 올라온다(당이나 정부의 최고 간부에 대한 것까지는 아니지만). 읽고 있으면 재미있다. "중국 신문에서도 이런 기사를 읽을 수 있구나"라고 할 만한 정치, 사회, 경제, 문화면에서의 지적도 많았다.

2008년 베이징올림픽에서 중국은 금메달 56개를 거머쥐며, 36개의 미국을 앞질렀다. 미국이 1위를 내준 것은 드문 일로, 중국으로서는 사상 최초의 쾌거였다. '오늘도 금메달!', '세계는 중국을 칭찬!'이라는 제목의 기사가 연일 신문 지면을 장식한 일은 하나도 이상할 것이 없었다. 5월의 쓰촨성 대지진의 재앙을 막 넘긴 때이기도 했다.

그런데 흥미롭게도 대회 종반으로 가면서 중국 선수의 활약을 전하는 승전보 기사와 함께 다른 톤의 기사가 지면에 나타났다(표 참조). '아니다, 머리를 식히는 것이 좋다. 길은 아직 멀다. 세계에서 배워야 할 것이 너무나 많다'라며 자신감 과잉을 경계하는 메시지를 내보내기 시작한 것이다.

표에 나타난 것처럼 초점이 된 문제에서 '자만과 자제'를 적절히 배치한 신문 논조가 보였고, 이 균형은 매우 흥미로웠다. '자만' 쪽으로 가는 분위기 속에서 중국 여론을 어디로 이끌 것인가를 날마다 생각하고 있는 엘리트들의 '보이지 않는 손'의 존재를 나는 느낄 수 있었다.

중국을 떠난 지 7년 정도 되었다. 그사이 중국은 국가의 하드한 면을 중시하며, 물리적인 힘을 지향하는 강경론이 주류가 되었다. 건전한 논의나 공정하고 다양한 일본관이 허약해졌다는 소리도 들린다. 정국의 움직임에 따라 지면 구성하기에 바쁜 중국 언론계의 시스템은 문제가 있으나, '그래서는 안 된다'는 지식인의 양심과 교양은 그래도 살아 있지 않을까 싶다.

중국 지식인과의 대화 1
- 역사, 민족

　　중국의 30대 말~50대 초 식자들과 나눈 대화를 소개한다. 그들은 연구자, 기자, 관료, 문화인들이며, 정치의식이나 일본에 대한 솔직한 의견을 많이 교환할 수 있었다. 우선 역사 문제와 관련한 영화에 대한 대화, 그리고 '애국, 민족'에 관한 대화를 보자. 한국 식자와 색채가 좀 다른 면이 있으니, '아, 중국에 이런 분들이 있구나!' 하고 흥미롭게 읽어주셨으면 한다.

영화 〈난징! 난징!〉

　　A씨 미치가미 공사는 중국어 공부를 겸해서 영화관에서 50편이나 되는 영화를 보았다고 들었습니다. 난징 사건을 다룬 영화 〈난징! 난징!〉도 보셨습니까? 2009년에 건국 60주년을 맞는 정부 지정 영화의 대표

격으로 많은 화제를 낳은 작품이었습니다. 젊은 여성을 비롯해 관객도 꽤 많았습니다.

미치가미 저도 영화관에서 봤습니다. 이제까지의 중국 영화와는 달리 새로운 발상을 시도한 것이었죠. 거액의 제작비가 투입되었고, 국제적인 평가 즉 '해외의 눈'을 의식한 작품이라고 느꼈습니다. 일본, 특히 일본 군인을 '악귀'처럼 묘사하지도 않았고, 오히려 군인의 고뇌라는 인간적 측면에 초점을 맞춘 점이 인상적이었습니다. '선과 악'의 구도로만 다루지 않았더군요.

처음의 40분간은 전투를 포함한 '애국적'인 신이었는데, 전투나 강간 장면은 특히 마음이 아프죠. 그러고서 영화는 일본군의 시선으로 옮겨지는데, 중국 관객에게는 신선하다고 해야 할까, 위화감이 있을 것 같았습니다. '왜 침략자 일본의 눈으로 보는가' 하고 말이죠. 마지막에는 중국과 일본 쌍방의 등장인물별로 묘비명이 나오더군요. 중국인 전사자나 민간인 희생자와 일본군 사망자를 똑같이 취급해서 저항감을 느끼는 중국 관객들이 적지 않았다고 들었습니다.

A씨 일본 비판보다는 전쟁 그 자체에 대한 비판이겠지요. 인간의 생명을 빼앗고 인간성을 박탈하는 전쟁 그 자체를 고발하는. 거기에 휘말린 인간은 일본인이든 중국인이든 인간적 고뇌가 있다고 하는 메시지를 담았다고 할까요. 중국 영화로서는 신선하고 용기 있는 작품이라고 생각합니다. '예술 1류, 역사 3류'라는 비판도 있었지만 전체적으로는 많은 지지를 받았습니다.

미치가미 루촨 감독의 블로그를 보면, 각반 감는 방법을 예전에 군인이었던 일본 노인한테 물어봤다고 하더군요. 역사적인 문제에 있어서는 중국과 일본 양쪽의 자료를 다 찾아봤는데, 일본 쪽이 더 믿음직한 것이었다는 발언도 있었습니다. 난징에서 희생자 수가 30만 명이라는 중국 측 주장과 관련해서는, 희생자 수를 운운해도 소용이 없다며, 한편으론 일본에 반성을 촉구하기 위해서 이 영화를 만들었다고도 했습니다. 산케이 신문이 이 영화를 호의적으로 소개했습니다.

A씨 2009년 영화 〈쉬즈 더 원(非誠勿擾)〉은 성공적인 흥행 기록을 올린 로맨틱 코미디인데, 전반부는 항저우나 베이징 등 중국의 도시에서 촬영한 데 비해, 후반부는 모두 홋카이도가 무대가 되었지요. 아름다운 경치나 온천, 그리고 일본의 따뜻한 인정을 그리고 있습니다. 홋카이도 관광은 전부터 인기가 있었지만, 이 영화의 히트로 불이 붙었어요.

미치가미 식상한 틀에 박힌 인물상이 아닌, 그 반대라 할 수 있는 유쾌한 일본인상이 인상적이었어요. 펑샤오강 감독과 식사를 함께한 적이 있는데, "대학에 들어간 딸이 일본어를 공부하고 있어요. 나도 몰랐는데, 제법 하는 모양이에요" 하며 기쁜 듯 말하더군요.

A씨 또 한 편의 영화가 있지요. 2008년 말에 대만에서 크게 흥행한 〈하이자오 7번지〉. 이 영화는 베이징에서 '일본의 식민지 시대 미화가 아니냐'는 비판과 '아니다, 좋은 영화다'라는 찬반 양론이 있었습니다. 아직까지 남아 있는 옛날 일본어 러브레터를 소재로, 대만 여성과 일본 남성의 이루지 못한 사랑에 대한 추억을 현대적인 밝은 감성으로

그리고 있더군요.

미치가미 저도 관심 있게 봤습니다. 12월 1일의 〈국제선구도보(國際先驅導報)〉(신화사 통신 계열의 국제문제 전문지)는 찬반 양론을 소개하면서 지지 여론이 대세라고 썼습니다. "지금 대만에 남아 있는 노인들은 예전에 일본어 교육을 받은 세대라서 일본어를 쓰고 읽고 말할 수 있다. 일본이 대만에 미친 영향은 매우 깊다. 사랑이냐 미움이냐 하는 간단한 감정이 아니다"라고 말이죠.

이듬해 1월 20일 〈환구시보〉에서는 감독 자신의 발언을 전했습니다. "인간의 감정은 아주 복잡해서 정치라는 기준으로 이리저리 재단할 수 있는 것이 아니다"라는 말이었습니다. 대만에서 철수하는 일본인을 따뜻한 시선으로 그렸다는 비판에 감독 자신은 "어느 나라 사람인가가 아닌, 그냥 '사람'이라는 관점에서 찍었다"라고 말했지요.

'애국 무죄' VS '애국 유죄'

미치가미 몇 년 전 베이징과 상하이에서 반일 시위가 있었을 때, 일부 학생들이 '애국 무죄'라는 슬로건을 들고 나왔다는 보도를 봤습니다. 평소 중국에 호감을 가지고 있던 사람들을 포함해 일본은 큰 위화감을 느꼈습니다. 중국에서는 '애국'이나 '민족'이라고 하면 거의 무조건 '정의'로 보는 경향이 있습니다. 상대가 프랑스이든 일본이든, 난폭한 행위까지도 정당화하는 사고방식의 일환이겠지요.

거꾸로 전후 일본에서는 '애국'이나 '민족'은 부정적인 이미지였습니다. 과거에 민족주의가 폭주하면서 전쟁을 일으킨 것에 대해 반성하는 마음이 강했고, 특히 지식인이나 학생들은 강한 혐오감을 가져서 '애국은 곧 유죄'에 가까운 분위기였지요. 평화헌법만 앞세우면 만사 해결될 것이라는 환상이 있어서 국가 간 대립 등 국제사회의 현실이 눈에 들어오지 않는 시기가 있었습니다. 국익이나 안보를 논하는 것조차 우익적으로 비쳐졌지요. 그러나 이런 지나친 부분에 대한 반성이 최근 20여 년 사이에 보이게 되었습니다.

B씨 어느 나라에나 현실을 제대로 이해하고 있는 사람과 그렇지 않은 사람이 있습니다. 자신에게 애국심이나 민족주의가 있으면 당연히 상대방에게도 있을 터인데, 감정에 휘말리다 보면 대립은 더욱 고조될 뿐이지요. 독선적이고 고집스러운 주장은 일견 강력해 보여도, 그 영향력은 생각보다 크지 않습니다. 상황을 냉정하게 분석해서 대응하는 쪽이 마지막에는 이기는 법이지요. 중국의 연구자는 물론 신문에도 그런 냉정한 논설은 있습니다.

미치가미 일본에는 '배움이 없는 자는 말로 해서는 지지 않는다'는 옛말이 있습니다. 배움이 없는 사람, 시야가 좁은 사람은 막무가내로 떼만 쓰며, 식견 있는 사람의 말에 승복하지 않는다는 이야기입니다. 한국의 '서울 가본 놈하고 안 가본 놈하고 싸우면 서울 안 가본 놈이 이긴다'는 말과 같은 의미겠지요. 국가 사이에서는 이렇게 되어서는 안 되겠죠.

B씨 사람들은 먼저 TV나 신문을 통해서 외국의 뉴스를 접하는데, 중

국과 일본 매체들의 견해 차가 너무 커요. 근래에는 양국이 언론 교류 세미나 등을 통해 솔직한 논의를 나누고 있는 것 같습니다. 일본 참가자가 말했어요. "중국 신문은 공산당의 선전기관으로 정부 입맛에 맞는 기사만 쓰는 줄 알았는데, 실제로는 행정에 대해서도 날카로운 비판을 가하고, 국민의 반응에도 신경을 쓰고 있다는 사실을 알게 되었다"라고요.

미치가미 네, 그래요. 중국 측은 일본 매체가 진실을 엄정하게 추구하는 사명감에 입각해 있다거나, 어떤 신문사는 논설위원이 스무 명이나 있어서 전문 지식이 축적돼 있다는 사실에 감탄했다고 합니다. 양쪽 모두 자신들에게 오해와 편견이 있었다는 것을 배운다고 들었습니다. "중국과 일본 사이의 의견 차는 크지만, 토론을 통해서 많은 것을 배웠다. 의견이 극적으로 일치하지는 않지만 왜 상대가 그렇게 생각하는지, 상대방에게 자신은 어떻게 보이는지를 생각하면서, 찬성은 못 하지만 이해는 하게 되었다"라는 이야기가 있었습니다. 아주 중요한 것이지요.

중국 지식인과의 대화 2
- 문화, 일본, 한국

여기서 등장하는 식자는 일본에서 유학을 하고 근무도 했던 일본통이다. 나보다 나이가 많고 조용한 분인데 그 박식함과 넓은 시야에 경탄했다. 이어서 좀 젊은 지인들이 나온다. 전반적으로 예상보다 훨씬 자유로운 의견 교환을 할 수 있어 다행이었다.

동양의 전통은 일본에 남아 있다 ― 일본이 만든 한자어

C씨 내가 일본에 살면서 놀란 것은 '일본이야말로 동양의 전통을 잘 간직하고 있다'는 점이었습니다. 세계에서 손꼽히는 선진국이라 좀 더 서구적일 줄 알았습니다. 일본에는 상당히 현대화되고 세련된 면이 있는가 하면, 실은 중국보다 동양의 전통이 더 많이 남아 있었습니다. 어른도 아이도 연하장을 쓰더군요. 이메일이 대세가 된 요즘에도 직장인

가운데는 연하장을 100장, 200장씩 쓰는 사람도 있었습니다. 아이들도 손 편지나 판화를 하나씩 하나씩 만들어 친척이나 선생님, 친구들에게 보내고요. 초등학생들은 지금도 손 글씨나 서예를 익히더군요. 고사성어나 한시에 조예가 깊은 사람이 많고요.

미치가미 그렇습니다. 저는 '일본은 공동체(커뮤니티)를 중시하는 유럽적인 사회이고, 한국이나 중국은 개인의 능력을 중시하는 미국적 사회'라고 말한 적이 있습니다.

C씨 교토나 나라에는 수백 년, 혹은 천 년 이상 된 목조 사찰이 남아 있더군요. 중국에는 그런 것이 거의 남아 있지 않습니다. 오랫동안 유지·보수해 그것을 전승해 온 정신이 대단합니다. 작은 시골 마을의 암자도 절의 경내는 깨끗이 손질되어 있더군요. 마을에서 소중하게 관리하고 있나 봅니다. 또, '오봉(한국의 추석 같은 일본의 명절)' 축제 때는 아이부터 노인들까지 모두 모입니다. 지역 커뮤니티 같은 것이겠지요. 또 길 가던 사람들은 길모퉁이의 조그마한 돌부처라도 보이면 멈춰 서서 두 손을 모으기도 하더라고요. 겸양의 미덕, 주위에 대한 배려, 공중도덕을 준수하고 예절을 지키는 마음은 동양의 미덕이라고 생각합니다만, 이런 점에서 한국이나 중국보다 단연 일본이 위입니다. 일본에 비하면 우리는 이익 중심이지요.

미치가미 감사합니다. 저의 아버지 고향에서는 오봉에는 오이나 가지로 말과 소를 만들어 상에 올리기도 합니다. 중국의 청명절(淸明節)의 영향일지도 모르겠습니다.

C씨 미치가미 씨는 중국에 살면서 인상 깊었던 일이 있습니까?

미치가미 중국 사람들이 이렇게까지 근면한 줄 몰랐습니다. 일을 정말 열심히 하는데, 주말이나 휴일을 반납하고 일하는 사람들도 적지 않더군요. 초등학생이나 중·고등 학생들도 일본보다 훨씬 더 열심히 공부하고요. 저는 일본 대학생이나 고등학생들에게 "중국의 학생들은 더 열심히 하고 있다, 분발하라"라고 독려하고 있습니다.

C씨 공부하는 시간이 긴 것은 개발도상국이라면 어느 나라나 마찬가지일 겁니다. 보다 나은 생활을 위해서 필사적이 되는 거지요. 성적이나 입시 결과에 본인뿐 아니라 부모의 운명도 달려 있으니까요.

미치가미 나카소네 전 총리가 왔을 때 잠시 이야기를 나눌 기회가 있었습니다. 총리가 "어때요, 중국에 있으니 기개와 도량이 웅장해지던가요?" 하고 물으셔서 이렇게 대답했지요. "지금 중국에 공자나 안회 같은 군자가 있다고는 생각하지 않습니다. 모두들 눈앞에 닥친 일에 쫓기고 있으니까요. 하지만 중국 사람들은 부지런하고 일도 열심히 합니다. 이 점은 인식을 달리했습니다"라고요.

C씨 일본 사람이 안회를 알고 있다니, 중국 사람들도 놀랄 겁니다. 뿐만 아니라 '맹모삼천지교(孟母三遷之敎)', '교언영색선의인(巧言令色鮮矣仁)', '관포지교(管鮑之交)', '도리불언하자성혜(桃李不言下自成蹊)' 같은 말을 많은 일본 사람들이 알고 있더군요. 본고장인 중국이 고전 공부에서 뒤떨어져서는 안 된다고 후배들에게 자주 말합니다.

지인 중에 원래 영어 전공이었는데 일본어 전공으로 바꾸고 일본에 유학한 사람이 있습니다. '과학, 철학, 사회, 민주, 공산주의, 계급, 혁명, 개혁, 반동, 간부, 정당, 종교, 민족' 등 중국인이 많이 쓰는 기본 어휘가 실은 일본에서 만들어진 단어라는 사실을 알고 놀랐다고 하더군요. 주관·객관, 긍정·부정, 추상·구체 등 우리의 사고를 지배하는 개념에 관련된 어휘도 그렇거니와 물리, 화학, 권리·의무, 고체, 위생 같은 학술용어도 그렇다는 걸 새삼 알게 됐다고 합니다.

미치가미 일본에서도 중국에서도 서양의 개념을 번역했지만, 일본 쪽이 조금 더 빨랐던 셈이지요. 일본에서 수입된 단어를 사용하는 것에 중국 사람들은 싫어하지 않나요?

C씨 그런 일은 없습니다. 학문적으로 입증된 것이니까요. 중국 책은 물론 사전에서도 그렇게 설명하고 있습니다.

제일 싫어하는 나라는 한국?

미치가미 중국 신문을 보면 상상했던 것보다 일본에 대해 긍정적인 평가가 많은 데 비해, 한국에 대해서는 국민 감정의 마찰이나 상호 비판이 빈번히 보이는 것 같습니다. 어느 여론 조사에서는 중국인이 싫어하는 나라로 한국이 1위이고, 2위가 일본이라는 결과도 있었습니다. 좋아하는 나라 1위는 파키스탄, 2위는 러시아, 3위가 이것도 또 일본이었습니다.

D씨 네, 그래요. 한국에 대해서는 그런 보도가 많습니다. 서울에 가면 서양인이나 일본인에게는 친절한데, 상대가 중국인이라는 걸 알면

대하는 태도가 금방 달라지거나, '훔치지 마시오'라고 노골적으로 중국어로 써둔 곳이 있어서 한국에 관광을 간 중국인이 불쾌한 기분으로 돌아온다는 기사가 있었습니다.

한국 드라마를 보면 중국인은 모두 촌스러운 옷을 입고 있고, 공항 직원은 뇌물을 요구하고, 배가 나온 중국인이 호텔에서 매춘부를 불러서 소란을 떨고, 깡패 조직의 중국인이 한국인을 유괴하는 등 중국을 야만적이고 뒤떨어진 나라로 묘사하고 있다는 보도가 상세하게 신문에 실렸었지요.

한국의 역사 드라마는 중국사를 왜곡하고 있다고 자세히 비판한 기사도 있었습니다. 수나라 양제 등 뒤에 있는 병풍에 20세기 마오쩌둥의 시가 적혀 있거나, 4대 발명은 한국의 문화유산이라고 하는 등 엄연한 역사를 오락거리로 만든 몰지각한 처사라고 비판했지요.

쓰촨성 대지진 때도 한국의 생각 없는 네티즌이 '중국의 인구가 줄어서 잘 됐다'는 댓글을 올려, 중국인들의 분노를 산 일도 있었고요. 이명박 대통령이 중국 방문 중에 현지를 찾아가서 애도를 표하고 긴급구조대를 파견했는데, 그래도 한국에 대한 평가는 나아지지 않았다고도 하죠.

미치가미 한류 드라마나 한국의 젊은 가수들은 중국의 젊은이들에게 인기가 많은데, 안타까운 일이네요.

베이징올림픽 때의 한·중 간 갈등

미치가미 고구려나 발해를 둘러싼 역사 논쟁이 이전부터 있어왔는데, 그것은 양국의 감정적 대립의 원인 중 극히 일부에 불과하다면서요? 사업가에서 유학생까지 일본의 몇 배에서 많게는 열 배가 넘는 한국인이 중국 곳곳에 들어와 있는데, 그만큼 갈등과 마찰이 많다고 들었습니다.

E씨 네. 베이징올림픽을 앞두고, 서울에서 '성화 봉송'과 관련해 혼란이 있었지요. 또 여자 양궁 개인전의 한·중 결승에서는 양측 모두 신경전이 대단했고요. 한국 측은 중국 관중이 너무 떠들어서, 정신을 집중해야 하는 양궁에서 차질을 빚었다고 말했습니다. 반면 중국 측은 한국 쪽 관중이 더 많았고, 결승전은 공평하게 치러졌다고 응수했지요. 올림픽이 끝난 뒤까지 크게 기삿거리가 되었고요.

미치가미 올림픽 성화 봉송에서 일어난 사태에 대해서는 한국 측이 크게 분노했습니다. "중국은 무슨 권리로 남의 나라 수도인 서울 한복판에 모여서 폭력 행위를 하는 것인가", "(중국은) 나라의 품격이 성숙되지 못했다는 이미지를 심어주었다"라고 주요 매체들이 비난했습니다. 이 부분은 미안하지만, 한국의 주장에 도리가 있어 보입니다. 중국은 평가를 떨어뜨렸습니다.

현대 중국을
어떻게 파악할 것인가

국내 문제 때문에 강경 외교

미야모토 유지 전 주중 일본대사는 퇴직 후에도 의욕적으로 저술 활동을 하고 있다. 2014년에 발표한 논문 〈시행착오를 계속하는 중국 외교〉를 중심으로 중국이 직면한 문제에 대한 미야모토 씨의 견해를 살펴보자.

중국에는 '경제 발전+사회 안정=중국 공산당의 통치 유지'라는 방정식이 있다. 지속적인 경제 발전이 없으면 사회는 안정되지 않고, 공산당의 통치도 끝난다는 의미다.

이는 결코 쉬운 일이 아니다. 고학력 및 정보화 사회가 한꺼번에 형성되면서 다양하고 복잡해진 중국 사회를 일당 지배로 원만히 끌고 가는 것은 어렵다. 중국은 성장 둔화, 경제 격차, 환경 파괴, 만연한 부패 등 복잡다단하고 관리가 힘든 나라가 되어 왔다.

중국은 지금 심각한 국내 문제를 끌어안은 채 사회 전체가 달리면서 생각하고 있다. 그것도 단거리 스피드로 중거리를 달리고 있다. 중국의 인터넷을 조금만 들여다보면 당이나 사회에 대한 국민의 불만이 얼마나 큰지를 금방 알 수 있다. 그리고 중국 공산당 지도부와 국민 간의 역학 관계에 있어서, 기본적으로는 국민에게 유리한 방향으로 흘러가고 있다.

한편 외교부가 '남중국해는 중국의 핵심적 이익'이라고 표명한 2009년부터 중국 외교의 강경 노선은 한층 견고해졌다. 이후 중국 외교는 시행착오와 혼란을 거듭하고 있다. 국민의 불만을 돌리기 위해, 혹은 당내 결속을 다지기 위해 외교 카드를 꺼내드는 일이 잦아졌다.

당 중앙위원회와 노선을 달리하며 국민적 인기를 얻고 있던 보시라이(충칭시 공산당 서기)에 대한 평가를 둘러싸고 당 간부들의 의견이 분분하게 갈리던 2010년. 센카쿠에서 중국 어선과 일본 순시선이 충돌하는 사건이 발생했다. 중국 정부는 '센카쿠는 중국 영토'라는 입장을 내세우며 체포된 선장과 선원을 즉시 석방하라고 요구했고, 대일 희토류 수출 금지 등 보복 조치를 취했다.

2012년 9월에는 일본 정부가 센카쿠 열도를 취득 보유(이른바 국유화)함에 따라 후진타오 정권은 일본을 비난하고 중국 매체는 연일 국민의 반일감정을 부추겼다. 이로 인해 중국에서 대규모 반일 시위가 일어났고 시위대가 폭도로 변해갔다. 일본과의 사이에 전략적 호혜 관계를 유지하던 후진타오였으나, 정권 말기에는 강경노선으로 돌아선 것이다. 또한 남중국해의 영유권을 두고 필리핀이나 베트남에 대해서도 강경노선을 취해 이들로부터 반발을 초래했다.

2012년 11월 당 총서기에 취임한 시진핑은 다양한 과제와 함께 이런 대외 강경노선을 이어받았다. 2013년에는 시진핑 정권에 의해 센카구 열도 상공을 포함한 방공식별구역이 설정되었다.

시진핑 정권의 최대 과제는 국내 문제의 운영으로, 그 해결책은 지속적인 경제 발전과 사회 안정에 있다(앞의 방정식). 글로벌 경제 속에서 발전해온 중국은 국제 협력 없이는 경제 발전도 없다는 사실을 잘 알고 있다. 2014년 11월, 외사공작회의에서 국제 협력 노선을 명확히 하기도 했다. 다만 과거 수년간의 대외 강경 자세는 국민의 지지를 얻고 있다고 보는 것이 좋다.

미야모토 씨의 견해에서도 보이듯이 중국은 국내 불만을 억제하기 위해서는 대외 강경책을, 경제 발전을 위해서는 대외 협력정책을 유지해야 하기 때문에 결국 양쪽 다 신경을 쓰는 상황에서 시행착오가 거듭되고 있다고 볼 수 있을 것이다.

근래 들어 아프리카 여러 나라들은 중국으로부터 많은 경제 원조를 받고 있다. 그런데 이러한 중국에 고마워하기도 하지만, 반발도 적지 않다는 것이 국제사회에 잘 알려져 있다. 수단의 석유 채굴에서는 현지인을 고용하지 않고 중국인 노동자 2만 명을 데리고 가서 반발을 샀다. 국제회의에서 아프리카 측으로부터 '중국이 생각하는 것은 자원뿐이다. 그런 자원에 편중한 관계는 오래 유지될 수 없다'는 비판을 받기도 한다.

자원과 인프라 구축도 중요하지만 상대국의 발전을 내 일처럼 생각하고 상대가 기술을 익히게끔 하는 일에 마음을 써야 할 것이다. '생선을 주는 것보다 낚시하는 법을 가르쳐 주는 것'이 현지 사회의 지속적인 발전에 도움이 되지 않겠는가.

'Kaizen(개선)'이라는 말이 아프리카의 몇몇 나라에서 주목받고 있다. 1980년대 미국에서 자동차 산업을 위시해 '기적의 발전'을 이룬 일본의 '현장 비밀'이 화제가 되면서 영어로 표현된 일본어. 공장장도 반장도 일선의 근로자도 매일매일 의견을 서로 나누면서 개선사항을 차곡차곡 공유하며 축적해 간다. 구성원 모두가 생산성과 품질을 책임진다고 하는, 이제까지 아프리카에서는 없던 의식개혁이 생긴 것이다.

중동의 여러 국가들도 중국이 거래를 확대하고 있는 중요한 사업 상대다. 두바이에 부임하자마자 차에서 들었던 라디오 뉴스에서는 중국 이야기를 하고 있었다. '중국의 급속한 경제성장은 지구 환경이나 생태계에 처참한 붕괴를 가져오고 있다'라는 꽤 비판적인 이야기였다.

중국의 발전은 그것이 국제사회의 안정을 해치지 않고, 물리력이나 막강한 인구수로 인근 국가나 아프리카를 압박하지 않는다면 환영 받을 일이다. 한국도 미국도 일본도 혜택을 얻을 수 있다. 그러나 "하와

이를 경계로 해서 태평양을 미국과 중국으로 양분하자"는 중국군 간부의 유명한 발언에 한국도 놀라지 않았을까? 하와이는 멀기 때문에 상관 없는 것일까?

미국이나 일본, ASEAN(특히 베트남과 필리핀)이 남중국해에서 물리력을 행사하는 중국을 비판하며 경계하고 있다. 한국은 '중국과는 영토 문제가 없으니 관계없다'고 생각하는 걸까. 한국이 중국을 필요로 한다면, 중국도 한국을 필요로 하고 있다. 도리가 있는 지적만 하면 한국은 중국에게 충분히 영향력이 있다. 한국은 지나치게 수동적인 것이 아닐까?

일본의 저명한 정치학자 이오키베 마고토는 중국에게 "전쟁 전의 일본과 같은 어리석은 실패를 되풀이하지 마라"고 공개적으로 일침을 가했다.

"예로부터 전쟁을 일으키는 나라는 급속하게 힘을 키운 신흥국일 경우가 많다. 자신이 처한 위치에 불안감을 느끼며 자기보다 강한 나라에 대해 콤플렉스를 갖기 때문이다. 19세기 후반부터의 독일, 1930년대의 일본이 그랬다. 자신이 세계로부터 '봉쇄'당했다고 생각하고, 점점 군사력을 증강하며 민족주의로 향하는 악순환에 빠지는 것이다. 중국은 전쟁 전 일본의 길을 밟지 마라."

중국에서도 대만에서도 국부로 추앙받는 쑨원은 1924년 고베에서 연설하면서 "일본은 동양적 왕도의 길을 걸을 것인가, 아니면 서양적 패도의 길을 걸을 것인가?"라고 물었다. 안타깝게도 일본은 군사력으로 패권을 추구했지만, 이제 이 질문은 중국을 향하고 있는 것이 아닐까?

중국을 잘못 보는 한국 — 과소평가와 과대평가

한국은 최근 30년 사이에 경제뿐 아니라 정치도 사회도 눈부신 발전을 이룩했다. 그러나 국력이 강대해지고 중국으로의 사업 진출이 비약적으로 늘어난 것과 상관없이, 두 가지 점에서 중국을 크게 오판하고 있다고 생각한다. 어떤 점에서는 중국을 지나치게 과대평가하는가 하면, 또 어떤 점에서는 턱없이 과소평가한다는 것이다.

먼저 과대평가에 대해서 말해 보자. 현재 중국은 수많은 심각한 국내 문제를 끌어안고 국민들의 불만 속에서 줄타기하듯이 국가를 운영하고 있다는 것, 세계 각국에서 중국에 대한 경계와 비판이 매우 높다는 것, 바꿔 말하면 많은 제약과 한계를 안고 있는 나라라는 사실을 보지 못하는 것 같다. 또 한국이 국제사회의 일원으로서 진지하게 의견을 펼친다면 중국을 움직이게 할 수 있는 위치에 있다는 사실도 알지 못하는 것 같다.

과소평가에 대해서 말하면, '뒤떨어진 중국인'이라는 이미지가 다소 강한 것 같다. 중국에는 냉정한 자기 분석이나 자기비판의 자세가 있다는 것, '독선적인 민족주의는 좋지 않다', '미국이나 일본을 따라가

려면 아직 멀었다'라는 냉철한 지적이 중국 언론에서 당당히 언급되고 있다는 사실이 눈에 들어오지 않는다. 또한 일본에 대한 중국인들의 인식과 평가도 모르는 것 같다.

이러한 내용을 한마디로 정리하면, 한국은 '실물과 똑같은 크기'의 중국을 파악하지 못했다고 말할 수 있을 것이다. 또 사양하지 않고 솔직히 말하면 "중국을 그렇게까지 세계의 대국으로 올려다보거나, 자신을 힘없고 나약한 존재로 보지 않았으면 합니다. 좀 더 자신감을 가지세요"라고 말하고 싶다. 한편으로는 "중국을 그렇게 바보처럼 여기지 않는 게 좋을 겁니다. 한국보다 객관성이 있는 부분도 있습니다"라고도 말하고 싶다.

한국은 중국에 대해 국가적 측면과 개인적 측면에서 상반된 심리가 있는 것 같다. 즉 외교적·이념적인 면에서는 중국을 실제 이상으로 크게 보는 반면, 일상적이나 실생활 면에서는 중국 사람을 수준이 낮다고 보는 것이다.

지저분하거나, "나는 돈이 있다. 내 마음대로 할 거다. 잔소리 마라" 하면서 여성을 끌어안고 큰소리치는 매너 없는 중국인의 모습이 서울에서 본 영화나 대중 연극에서 심심찮게 등장한다. 이러한 희화화된 모습은 보고 있으면 기분이 언짢을뿐더러, 한국이 중국을 이해하는 데에도 지장을 준다고 생각한다.

학문적으로나 각계 인사들과의 교류에서나 일본의 중국 이해는 한국보다 훨씬 두텁다. 그러나 희한하게도 한국은 '중국을 가장 잘 아는 것은 우리 한국 사람이다', '일본은 중국에 라이벌 의식이 강해서 중국을 잘 알지 못한다'라고 생각하는 경향이 강하다. 이렇듯 '중국을 잘 안다'라는 실태 이상의 자기 확신이 한국의 중국 이해를 가로막고 있다. 이는 '일본을 잘 알고 있다'라는 과신과 병합해 한국의 외교력을 해치는 중요한 요인일 것이다.

천 년 이상이나 이어져온 중국과의 길고도 밀접한 역사? 그것은 나도 알고 있지만, 그것으로 지금의 중국과 외교를 잘 할 수 있을까? 천 년은커녕 1970년대의 문화대혁명도, 1989년의 천안문 사건도 국교가 없었던 시기여서 한국 사람들은 잘 모르는 것이 실정이다. 아니, 좀 더 최근에는 중국과 ASEAN의 기본 관계에 대해 한국의 보도는 거의 긍정적일 뿐, 객관적이고 종합적인 이해가 부족하다.

이제까지 본장에서는 주로 '한국에는 잘 알려져 있지 않은 냉정한 중국의 모습'을 소개했다. 한국의 '중국 과소평가'에 대한, 또는 한국의 '중국 과대평가'에 대한 나 나름의 메시지다.

실상과 거리가 먼 중국관은 한국의 외교력을 발휘하지 못하게 하는 근본 원인 두 개 중 하나라고 나는 생각한다. 되풀이되는 얘기지만, 중국의 경제 발전은 한국, 미국, 일본을 포함한 다른 여러 나라에도 매우 중요하다. 중요하다는 점에는 이견이 없다. 하지만 동시에, 중요하기 때문에 중국의 부정적인 부분(물리력 행사나 환경 파괴 등)도 직시하고 발언해야 하지 않을까? 중국으로부터 경제적 이익을 끌어내면서, 동시에 중국을 국제 협력의 장으로 이끌기 위한 주문도 할 수 있어야 한다. ASEAN의 몇몇 나라는 이미 그렇게 해왔다. 한국도 그런 외교가 가능할 것이다. 그만한 국력이 한국에 충분히 있다고 나뿐만 아니라 많은 사람들이 생각하고 있다.

5장

이웃나라
이해와
한국 외교

이제까지 각 장에서 지적한 내용들을 좀 더 깊이 있게 분석해 보겠다. 한국의 대학에서 강연하다 보면 기묘한 느낌에 사로잡힐 때가 있다. '나는 왜 이렇게까지 한국을 위해 문제점을 지적하며 제언하고 있는 것인가?'라고 말이다. 한낱 일본 외교관인 내가 때로는 반발을 감수하면서까지 한국의 장래를 염려하는가. 사실 나는 일본에서도 같은 행위를 하고 있다. 그런 경우 일본의 문제점을 지적하는 일에 대해 긍정적인 사람이 있는가 하면, 반발하는 사람도 있다.

어느 나라든 자기중심적으로 세계를 보기 마련이어서 국내의 '공기, 분위기, 국민 정서'에 좌우되는 건 어찌 보면 당연하다. 한국도 일본도 미국도 중국도 중동도 모두 마찬가지다. 하지만 듣기 좋은 포퓰리즘에 현혹되지 않고, 얼마만큼 의연하게 이성적인 소리에 귀를 기울이는가에 따라 그 나라의 장래가 결정된다. 이 책에서 기술한 내용들이 귀에 거슬리거나 불쾌하다고 해서 거부할 것인가, 아니면 건전한 담론으로 활용할 것인가는 독자 여러분의 판단에 달렸다고 생각한다.

따라서 이 책의 마지막인 제5장에서는 우선 '부담', '진정성', '소국의식과 대국의식', '내셔널리즘의 마력'에 대한 한국인의 정치의식을 분석한다. 그 후 중국에 대해, 한국에 널리 유포돼 있는 중국관과 큰 차이를 보이는 실제 사례들을 살펴보면서 한국 외교의 나아갈 방향에 대해 생각해 볼 것이다. 이어 내셔널리즘과 역사 문제에 대해 피해자-가해자 사이의 인식 문제나 비슷한 경우인 독일의 사례를 검토해 본다.

일본이
한국을 역전

'병자호란', '삼전도'를 아는 일본인

일본의 한국에 대한 이해는 옛날, 구체적으로 말해 1980년대보다 훨씬 높아졌다. 그에 비해 한국의 일본 이해는 – 일본 술, 맥주, 관광지에 대한 것은 몰라도 정치나 현대 사회에 대해서는 – 오히려 퇴보했다. 어떤 의미에서는 한·일 양국의 서로에 대한 이해도가 역전되었다고 생각된다.

지난 사반세기에 내가 본 몇 가지 변화는 앞에서 설명했다. '1965년의 한·일조약은 일본의 강제'라고 가르친 한국의 선생(OO쪽)처럼 일본인이 '한국 사람은 그렇게까지 일본을, 한·일 관계를 모르는가' 하고 놀라게 할 만한 예가 많은데, 이번 근무(2011~2014년) 때 겪은 예를 하나 더 들어 보겠다.

2014년 7월, 중국 시진핑 국가주석은 서울대학교 강연에서 '임진왜란'에 대해, 한·중 양국은 어깨를 나란히 하고 전쟁터로 향했다고 말하며, 한·중이 공동으로 일본에 대응해 나갈 것을 호소했다. 이 뉴스를 본 여러 일본인들로부터 질문을 받았다.

"한국 사람은 임진왜란과 병자호란을 나란히 배웠을 텐데, 중국이 가해자였던 병자호란에 대해서는 어째서 가만히 있는 것인가? 왜 시 주석에게 한마디도 하지 않는 것인가?"

한국 신문에서 '시 주석은 한국과 중국이 함께 일본 침략에 저항하던 역사만을 일방적으로 다루었다. 중국이 한국을 침략해 국토를 유린하고 여자와 아이들을 잡아간 역사는 언급하지 않았다. 중국은 한국을 자기들 편으로 끌어들이려는 것이다'라는 지적이 일부 있었을 뿐, 크게 화제가 되지는 못했다.

조선이 청과 군신 관계를 맺은 '삼전도의 굴욕'과 '삼전도비'는 어떤 것이었나? 예전의 일본인은 거의 몰랐다. 나도 몰랐다. 이제는 알고 있는 일본인이 드물지 않다. 일본의 한 사업가는 내게 "독립문은 조선이 청으로부터의 독립을 기념해 세운 것으로, 당시 그 자리엔 청의 사신을 환영하는 '영은문'이 있었다. 일본으로부터의 독립이 아니다. 한국 사람들은 그런 사실을 알고 있는가?" 하고 묻기도 했다.

한국의 지인에게 이런 이야기들을 들려주었더니 깜짝 놀라며 이렇게 말했다.

"일본인, 그것도 전문가도 아닌 분이 병자호란, 삼전도의 굴욕, 영은

문을 알고 있다니. 우리는 일본에 대해서 무엇을 알고 있는지 정말 문제이군요."

예전에 조금 연로한 한국 사람이 "일본은 우리 한국에 대해 아무것도 모른다. 고구려와 고려도 구별할 줄 모르는 일본인이 있지 않은가?"라며 분개했다. 나는 "그렇군요. 이웃나라 역사는 알아두는 게 좋겠지요. 그럼 선생께선 가마쿠라 시대나 무로마치 시대에 대해 얼마나 알고 계십니까?"라고 되물었다. 그는 그 명칭조차 알지 못했다.

"장년층이 아니라 젊은 사람들에게 한·일 교류를 맡기면 된다"라는 분이 가끔 계시는데, 나는 그리 단순하게 보지 않는다. 어느 시대나 이웃에 대한 현실을 도외시한 관념적 편견이 젊은 사람들에게 많다. 한편 "우리 한국은 독선적인 민족주의로부터 벗어나 일본을 제대로 파악해야 한다"라는 뚜렷한 의견을 한국의 대학생들로부터 수차례 들은 나로서는 희망도 있다고 본다.

김대중 대통령 시대의 한국은 어디로?

최근 3년 사이에 자칭 '강한 보수'라는 몇몇 사람들에게 똑같은 이야기를 들었다.

"일본이 중요하다는 사실은 잘 알고 있지만, 한국은 '진보 좌파'들 손에서 가늠할 수 없는 방향으로 흘러가고 있다. 대통령 선거에서도 보수 대 진보가 대체로 백중지세라 여유가 없다. 일본과 연결된 이야기가 나오면 진보의 공격이 보수로 집중되어 우리는 망하고 만다. 그러니 움직일 수 없는 것이다. 이해해주었으면 한다."

이 30년 사이 한국이 역동적으로 발전한 데에는 머리 숙여 경의를 표한다. 내가 한국의 보수와 진보에 대해 운운할 처지는 아니다. 그러나 30년 이상 한국을 지켜봐 온 외국인의 한사람으로서 '한국 보수의 변질과 퇴화'를 실감하지 않을 수 없다.

성가신 국내 문제가 없는 나라는 어디에도 없다. 국내 정세나 정국을 이유로 외교·안보의 손을 놓아서는 안 될 일이다. 이제까지 한국의 많은 사람들이 국가 안보와 경제 발전을 위해서 수고해 왔다는 사실을 일본인도 잘 알고 있다. 하지만 최근 10여 년은 어떠했는가.

최근의 '보수'보다 예전에 '극좌익'이었던 김대중 대통령 시대가 일본, 중국, 미국에 대해 공정하고 냉철하게 대처했다. 안이한 공기, 정서, 포퓰리즘으로 흐르지 않고, 한국의 국익에 도움이 되는 냉정한 외교를 해왔다고 보는 일본 전문가와 경영인들이 많다. 김대중 대통령의 당당한 모습, 공정하고 열린 자세는 일본인들에게 강한 인상을 남기며 한국에 대한 호감도를 크게 상승시켰다. 그런 한국은 지금 어디로 갔단말인가. 잔뜩 경직되어 후퇴한 한국만 보인다. '일본과 중국 문제는 국내 문제와 얽혀 있어 부담이 크니, 분위기를 따라갈 수밖에 없다'라는 안이한 발상은 외교·안보의 포기가 아닌가 싶다.

요즘은 보수보다 진보적 성향의 신문에서 "독선적인 민주주의로는 안 된다"라며 정론을 말하는 것으로 보인다. 2012년 8월 18일, 〈한겨레신문〉이 일면 전부를 할애하며 영토 문제에 대한 상세한 기사를 게재했다. 국제사법재판소(ICJ)의 영토 문제에 관한 판례(태국-캄보디아 등)의 국제법상 논의를 근거로, '독도는 한국 영토'라는 입장이면서도 다음과 같은 지적을 했다.

(한국의 섬이라고 쓰여 있는) 옛날 지도가 중요한 변수라고만 할 수는 없다는 것, 일본이 (한국의) 실효적 지배의 효력을 부정하는 항의를 계속해온 점, 1905년 일본 내각의 결정, 1951년 샌프란시스코 강화조약, 이승만 라인 이후 한국의 실효 지배의 정당성 판단 등에 대하여 한국은 '간단하지 않은 쟁점'을 논의하지 않으면 안 된다는 것 등 한국 신문으로서는 이성적인 분석이었다. (아시다시피 일본은 국제사법재판소에 제기해 국제법의 판단을 따르자고 제안하고 있지만, 한국은 거부하고 있다. 한국의 지인이 말한다. "그 신중한 일본이 그렇게까지 말하는 걸 보면, 자신이 있나 보군요.")

보수, 진보와 상관없이 이웃나라에 대한 실상 파악을 이성적으로 진전시켰으면 한다. 그것이 바로 국익이 된다. 자신들의 통념, '공기'에 맡기는 것이 아니라.

왜 일본인의 마음은 한국에서 떠났는가?

일본과 왕래가 많은 사업가 A씨, 그의 말을 소개해 보겠다.

"일본의 지인들이 모두 같은 말을 합니다. 2012년 여름의 그 사건(이명박 대통령의 '독도' 상륙과 천황에 대한 발언)으로 한국은 일본 친구를 적으로 돌려놓았다고. 일본의 한류 팬, 일반 성인 남녀, 진보 성향의 시민을 포함해 일본 사람들은 아주 실망하고 분개했대요. 한국인인 나로서는 영토 문제에 관한 한은 일본이 지적한 대로라고는 말할 수 없지만, 일부러 신경을 거슬리는 짓을 할 필요는 없었죠. 그리고 천황에 대한 실례의 발언이나 '일본은 옛날만큼 힘이 없으니까, 중시하지 않아도…'라는 발언에는 놀랐습니다. 언론사 지인 중에도 그 말은 적절하지 않았다고 하는 사람이 대부분이었습니다."

맞는 말이다. 한국은 일본의 많은 친구를 잃었다. 분노와 실망을 넘어 '이제 그만 상대하자', '이제까지 한국에 대해 여러 가지로 배려한 것은 잘못이었다', '당분간 한국은 그냥 내버려 두는 수밖에 없다. 정신을 차릴 때까지 기다리자'라는 의견이 지한파를 비롯해 많이 나왔다. 정부도 시민도, 한국과의 풀뿌리 교류를 추진하던 중장년층도, 한국어 공부에 열심이던 학생들도 그렇다.

한국의 유력 신문에서도 핵심을 찌르는 비판이 있었다.

'중국에는 그렇게 신경을 쓰면서도, 일본에 대해서는 상대가 싫어하는 일을 아무렇지도 않게 한다. 그것이 한국의 외교인가. 그렇게 하는 것이 진정 한국에 유리한 것일까?'

단지 그 여름의 일만이 원인은 아니다. 그것은 빙산의 일각이며 다른 것도 많다. 제 2, 3장에서 여러 가지 사례를 소개했지만, 한국의 합리적인 일본관이 크게 후퇴하고 말았다. "한국은 합리적인 얘기가 통하지 않는다. 무슨 말을 해도 허사다"라는 인식이 일본의 일반 국민 사이에 확산되고 말았다.

나는 일본에 들를 때마다 그런 불만의 목소리를 들었다. 근래 30년 사이에는 없었던 일이다. 하지만 한국은 그에 대한 인식도 위기감도 없다. 대학교수인 B씨(일본인)는 말한다.

"최근 일본의 혐한 현상을 두고 한국에서는 그 극단적인 모습만 빼내어 '일본의 우경화가 원인'이라고 보는 사람이 대부분이다. 무언가 문제가 있으면 자신의 잘못은 없고 나쁜 것은 일본이라고 하는 오래된 패턴이다. 한국 측에 문제가 있다는 지적은 아예 없지는 않지만 극히 드물다."

재일 한국인들의 목소리를 들어보는 것도 도움이 될 것이다. 일본 사회에 살면서 일본을 깊이 이해하고, 그러면서도 조국과의 끈을 소중히 하는 사람들이다. 다양한 사람들이 있지만 한결같이 한국을 걱정하고 있다.

"우경화라니 어느 나라 얘기인가요? 한국이 더 오른쪽인데", "왜 한국은 아직도 일본의 본모습을 보지 못하는 걸까요?"라고 오히려 나에게 물어오는 것이다. 겉치레가 아닌 본국을 향한 이런 속마음에 귀를 기울여 주었으면 좋겠다.

한국인의
정치의식과 외교

소국의식과 대국의식이 결합해 외교 표류?

한국인의 정치의식에 대해 한국인 친구와 이야기를 거듭하던 중, 그가 '한국은 60퍼센트가 지나친 소국의식, 40퍼센트가 지나친 대국의식'이라고 말하며, 이 두 개가 합해 '무력감과 외교 표류'를 불러온다고 한탄했다. 상당히 흥미 있는 분석이라 소개해 보겠다.

첫째, 미국이나 일본에 대해, 상대가 기대에 부응하지 않는다고 비난하지만 내가 책임지는 작업을 할 생각은 없다. 이쪽에서 생각하고 있는 바를 쏟아내 비판하는 것으로 만족할 뿐, 그것이 상대에게 통하는지의 여부는 큰 관심이 없다(특히 일본에 대해서). 한국도 발전했으니 국제사회나 한·일 관계를 위해 공헌도 더 할 수 있는데, 그런 의식이 희박하다. 약소국이 대국에 갖는 콤플렉스, 미성숙한 모습이 21세기인 지금도 농후한 것이다.

둘째, 이와는 반대로 '우리는 이 정도로 세계의 주목을 받는 강대국이 되었다'는 자기 과신이나 오만함도 있다. '미국을 비롯한 전 세계에서 일본보다 한국의 평가가 높다, 일본 기업은 한국의 상대가 아니다', '중국은 기세가 좋지만 거칠고 야만스럽고 한국보다 한참 뒤떨어져 있다'라고 생각한다.

위의 두 의식은 어느 것이나 실상과 동떨어진 편견으로 굳어지기 쉽다. 두 개의 반대 방향의 정치의식이 수습이 안 된 채 동거하고 있다. 매우 불안정해서 균형을 잡지 못하고 있는데, 자신들은 균형을 잡고 있다고 생각하기 때문에 결말이 좋지 않다.

소국의식과 대국의식이 동거한 결과는 어떻게 될까?

우선 자신이 책임 있는 외교 주체라는 당사자 의식이 부족하기 때문에 감정에 따라 흔들리기 쉽다. 예를 들면 미·일 관계에서, 세계에 공헌하는 미·일 동맹이 핵심인데도 한국에서는 '역사 문제'에만 초점을 맞춘다(그것도 '우경화'라는 문맥으로).

자국의 주관, 자신의 잣대만으로 일본과 국제사회의 '핵심을 잡았다', '일도양단(一刀兩斷)했다'고 느낀다. 그러나 실제로는 세계의 실체와 한국의 이해 사이에는 괴리가 확대되고 있다. 그리고 '중국이 국제 규율을 따르도록 우리가 어떻게 이끌 것인가', '우크라이나-유럽·러시아의 안보와 에너지'라는 큰 사안 앞에서는 뒷짐을 지고 '나와는 상관없다'는 양상이 된다. 한 예로 중국 문제는 미국이나 일본, ASEAN,

호주를 포함해(한국도 포함) 동아시아·태평양 여러 나라들의 절실한 과제인데 한국은 거의 움직이지 않는다. 실은 당사자 의식과 꾸준한 참여가 필요하고, 한국으로서는 충분히 가능한 일인데도 말이다. 의식 과잉과 무력감 내지는 방관, 그런 것들에 의해 외교가 표류하고 있다. 이상, 여기까지가 친구의 분석이다.

여기서 또 중국과 비교하는 것을 용서해주기 바란다. 중국이야말로 '대국의식'과 '소국의식' 간에 심각한 갈등을 겪고 있지만, 냉정하고 객관적인 자기비판 정신이 때때로 눈에 띈다. 설문조사에서 '중·일 관계 발전을 방해하는 원인이 중국 측의 반일 감정과 민족의식에 있다'라는 대답이 20퍼센트를 넘었다. 객관적인 자기비판의 예다.

'무력감과 표류'에 대해 그 친구가 예로 든 우크라이나 문제에 관해, 나 역시 세대가 다른 몇몇 한국인과 이야기를 나눈 적이 있다. 모두가 "결국은 러시아의 억지가 통할 거다. 유럽이나 미국이나 국제사회에서 무슨 말을 한다 해도 소용 없다"라는 똑같은 의견을 내놓아 놀랐다. 중대한 문제 앞에서는 사고 정지, 외교를 포기하는 것일까. 국제사회를 조금이라도 좋은 방향으로 움직이고, 한국도 도움이 되자는 생각이 없는 것일까. 슬픈 일이라고 생각했다. 일본에서는 '무력에 의한 현상 변경은 인정할 수 없다'는 명확한 메시지를 보내고 있다.

'부담'이라는 말과 포퓰리즘

80년대부터 한국 신문과 TV를 보아왔다. 한국의 보도에 '부담'이라는 용어가 잦아졌다고 느낀 것은 지난번 근무(1998~2000년) 때였는데, 이번 근무(2011~2014년)에서는 더 자주 들을 수 있었다.

부담이란, 마땅히 실행해야 할 어떤 방침이나 정론을 국내의 반대에 밀려 수행하지 못할 때 변명처럼 쓰는 말이다. '그렇게 하라'는 목소리가 많기 때문에 어쩔 수 없이 원하지 않는 길을 간다고 하는 경우에도 쓰인다. 어느 쪽이나 그 저변에 깔린 의식은 '우리나라도 이 정도로 크게 발전해서 복잡한 이해관계를 안고 있는 민주국가가 되었다', '그렇기 때문에 의사결정이나 방침을 정하기가 아주 힘들다'는 것이다.

그러나 어느 나라든 다양한 분야에서 갖가지 의견이 속출하기 때문에 그것들을 비교하고 저울질해 국책을 결정한다. 어느 방향으로 가더라도 반대 의견은 있게 마련이고, 이에 따른 부담이 있는 것은 당연하다. 국가의 판단은 그런 것들을 뛰어넘는 어려운 과정 속에서 이루어진다.

한국에서는 '공기에 따른, 부담이 적은' 방향으로 안이하게 넘어가려는 경향이 늘고 있다고 생각한다. '국가의 안보를 위해 대미 관계가 중요하고, 일본이 말하는 내용도 당연하다. 우리나라도 바라는 바이고 전문가들은 모두 안다. 하지만 국민 정서상 부담이 커서 지지할 수 없다는 의식이 있다. 이는 일본을 운운할 문제로 그치는 것이 아니라 결국 한국에 도움이 되지 않는다.

한국은 사반세기 전에 비해 정치 민주화가 진전됐다. 물론 잘된 일이다. 그러나 비교적 단기간에 변화했기 때문에 잃은 것, 퇴화한 것도 있는 것 같다. 시간을 들여 검토하는 과정이 있었다면 부작용도 극복해 가면서 과제를 추진해 나갔을 것이지만.

정부가 큰 목소리로 반대를 외치는 '시민의 목소리'에 끌려다니면 국가의 외교·안보를 조망하는 거시적인 대국관은 작동하지 않게 된다. 이때 '부담'은 포퓰리즘에 휩쓸리는 변명으로 사용된다(물론 변명이 되지 않지만).

나보다 연장자인 한 지인은 "부담이라는 말을 자주 쓰는 건 포퓰리즘을 넘어설 만한 사명감, 비전, 책임감이 부족하다는 뜻"이라고 말했다. 일본뿐만 아니라 어떤 나라에도 정치·외교와 포퓰리즘의 과제는 있으나, 변화가 심했던 만큼 최근 10여 년의 한국은 특별히 심각한 것으로 보인다.

2~3년 전, 정부의 중견 간부가 일본 특파원과의 간담회에서 빈번히 '여론의 부담', '국민 정서'를 입에 올리며 특파원의 이해를 구한 적이 있었다. '위안부 문제로 화제가 된 특정 유력단체의 주장을 정부도 따를 수밖에 없다. 달리 판단하고 움직일 여지가 없다'는 취지의 발언을 했다고 한다.

이에 대해 특파원들은 "공산주의 체제라면 모를까, 민주주의 국가에서는 다양한 견해가 있기 마련이고, 정부는 가장 바람직한 방향으로 조정을 추진해야 한다. 그 과정에서 강한 비판을 받으며 악당으로 몰리기도 한다. 그것이 정부다. 조정을 하거나 땀을 흘리지 않는다면 정부의 역할을 포기하는 셈이다", "여론의 비판이나 압력으로 정부가 힘든 것은 일본이 한국보다 훨씬 오래전부터 잘 알고 있다. 그것도 모르는가? 일본과 중국을 구별 못 하나?"라며 어이없어 했다고 한다.

'진정성이 없다'는 것은 무슨 뜻일까?

한국 사람들은 '진정성이 없다'는 말에 신경이 쓰이지 않는 것일까. 앞의 '주관론에 따라 움직이는 한국인(99쪽)'에서 분석한 것과 비슷한 문제인데, 여기에 주목하면 무언가가 보인다.

● 위안부 문제에 관한 일본 정부의 설명(2014년)이나 종전 70주년 담화 등 일본의 입장 표명에 대해, '말만 늘어놓고 있을 뿐 진정성이 없다'는 비판을 보도나 평론에서 자주 봤다.
● 일본의 보수 신문 기자가 "일본이 한국을 식민지 지배한 사실은 한국의 자존심에 상처를 준 일로, 일본인으로서 미안하게 생각한다"라고 말했다. 한국의 기자들은 내게 "그는 한국에 대해 비판적인 기사를 써온 사람이다. 저렇게 말하지만 진정성이 느껴지지 않는다. 역사를 진심으로 마주 보고 있다고 생각하지 않는다"라고 말했다.

말이란 대단히 소중한 것이다. 조약이나 법규, 외국과 국내를 향한 메시지도 모두 '말'이다. 충분히 비교·검토하고 음미하면서 말을 고른다. 그런데도 일본 기자의 '말'을 "말만으로는 안 된다. 우리가 만족하지 않는 한 진짜가 아니다"라며 인정하지 않는다. 한국을 비판하는 사람의 말은 다 가짜라는 말인가.

북한이나 중국, 미국이 문제를 일으키면 '한국에게 사과를 하는지, 유감을 표하는지, 아니면 아무 말도 하지 않는지' 등을 중시하고, 그에 따라 평가할 것이다. 그런데 상대가 일본인이라면 사과를 해도 '진정성이 없다'고 비판하겠다는 것인가.

일본인과 일본 정부가 무슨 말을 해도 그와 상관없이 자신의 잣대, 감정, 국민 정서로 일본을 판단하는 것일까? 자신들의 일본 이해가 '올바른' 일본 이해라고 주장하며, 일본이 그것에 반하는 말을 하면 '속임수다, 왜곡이다'라고 응수하는 도식에 빠져 버린 것 같다.

'진정성이 없다'라는 표현은 어떤 의미에서는 정직한 것일지도 모른다. '사실(진실)이 아니다'라는 데까지는 가지 않았으니까. '사실일지도 모른다, 그러나 인정하고 평가하려니 심기가 불편해서 부정적인 감정만을 표시하겠다'는 의미가 아닐까. 하지만 그래서는 대화가 되지 않는다. 아무리 시간이 지나도 화해할 수 없는 것이다. 일본 사회는 벌써 이 점을 알아차리고 있다.

- "난징 사건에서 일본군의 잔혹 행위가 있었고 이에 유감을 표했다." "희생자가 수십만 명이라고 하는 일부 학자의 주장은 지나치다고 지적했다." 이 두 가지 사실은 동시에 성립한다.
- "위안부 할머니들의 인터뷰 기록을 읽고 실로 마음이 아프다." "그 인터뷰 중에 한국 남자가 마을에 와서 '좋은 일자리가 있고 공부도

할 수 있다'며 젊은 여자들을 꾀어 갔다. 결국 일본군 위안소에서 일했다는 예가 있었다." 이 두 가지 사실 또한 양립한다.

이 두 가지 예에서 후자를 언급하는 것이 전자를 부정하는 것은 전혀 아니다. 한국 사람은 물론 그것을 이해한다. 그러나 때때로 후자를 말하면, "뭐야, 위안부 문제나 난징 사건을 인정하지 않는 건가?" 하고 비약해 버리는 사람들이 있다. '이 일본인은 전자를 부정하고(부정하고 싶어 하고) 있구나', '유감이라거나 마음이 아프다고 말은 하지만, 진정성이 없다'는 반응이 한국의 지식인이라 불리는 사람들 속에도 있다.

- 정신대를 위안부와 혼동해 "일본은 열두 살짜리 여자애도 잡아다 위안부로 삼았다"라고 말하는 사람이 있었다. "정신대란 공장에 필요한 인력을 충당하는 근로동원이다. 위안부와는 다르다(당시 일본을 알고 있는 한국 사람들에게도 당연한 사실)"라고 어떤 일본인이 말했다. 마음에 들지 않으면 '역사적 사실을 인정하라'고 외치는 한국 사람이 있는데, 요즘은 같은 말을 일본 쪽이 외치고 싶을 때가 있는 것 같다.

- 아들이 고등학교 1학년 때 서울의 국제학교에 다녔다. 세계사는 미국 출판사의 교과서로 배우고 있었다. 그 책은 아즈치 모모야마 시대(16세기 후반)에서 에도 시대 전반의 일본의 문화·경제·정치의 발전상을 다수의 그림이나 사진을 넣어 상세히 서술하고 있었다. 청나라의 전성기인 강희제·건륭제 시대의 정치·경제·문화에 대한 서술과 거의

같은 비중으로 다루었다. 이것이 바로 세계의 표준일 것이다. 한국인이 배우는 세계사나 동양사에서 일본을 다루는 비중과는 차이가 있다. 한국이 일본을 모르는 저변에는 이러한 이유도 있을 것이다.

● 전쟁 피해를 입거나 식민지 지배를 당한 아시아 여러 나라의 고통에 대해서는 교과서에도 나와 있어서, 나도 우리 아이도 실제로 배웠다. 50년 전에도 그랬고 지금도 그렇다. 일본은 이웃나라의 아픔의 역사를 가르치지 않는다는 오해도 있으므로 언급해 둔다.

이상과 같이 일본이나 한·일 역사에 관해 '진정성이 없다'는 식의 관점, 즉 자기의 주관·감정·이념을 기준으로 일본을 바라보는 습관은 21세기가 되어도 변하지 않는 듯하다. 아니, 예전보다도 더 자신감에 차 있다고도 느껴진다. 그 결과 일본에 대한 이해는 갈수록 떨어지고, 제2~3장에서 소개한 실례와 같이 일본인들이 놀라는 실정이 됐다.

옹정제 ─ '혈연'에 구애받지 않는 근대성

한국에 와서 32년. 그동안 내가 지켜본 바로는, 이제 한국은 누구 못지않게 잘 살고 세계에서 두드러진 활약을 하고 있는데, 아직도 '혈연'에 대한 집착과 '아시아'와 '동양인'에 대한 환상이 있는 모양이다.

히라노 사토시 도쿄대 교수의 《대청제국과 중화의 혼미》(2007)에 나오는, 300년 전 청나라 옹정제(雍正帝) 이야기를 살펴보겠다.

청나라의 강희제와 건륭제 사이에, 짧은 치세였지만 제국의 기초를 튼튼히 세운 인물이 옹정제(1678~1735년)다. 옹정제의 통치는 지금 기준으로는 물론 압제이며 독재이지만, 그의 사고에서 근대적 인식을 감지할 수 있다. 화이사상에 필수적으로 수반되는 민족차별에 대해 옹정제 스스로 냉철한 반론의 붓을 들었다. 바로 그 유명한 〈대의각미록〉이 그것이다.

당시, 한인의 만주족에 대한 차별의식에 이론적 기반이 된 것은 주자학이었다. 청나라가 건립되자 만주족의 한인 지배를 정면으로 비판하는 자가 나타났다. 증정이라는 지방의 유학자가 천하를 지배하는 황제의 권력은 반드시 한인에 의해 계승되어야 하며, 황제가 될 수 있는 인물은 한인의 '중토', '중원'에서 태어난 인물이어야 한다는 것, 그 밖의 주변 지역은 '경사지고, 험하고, 부정한 벽지'여서, 그곳에선 이적의 무리(한족을 제외한 오랑캐 무리)밖에 태어나지 않는다고 주장했다. 청제국의 지배를 부정하는 죽을죄에 해당하는 반만(反滿) 사상이었다.

이러한 상황에서 옹정제는 과연 어떤 태도를 취했을까. 그는 놀랍게도 증정을 자금성으로 불러들여, 화이사상이 틀렸음을 문답을 직접 나누며 설득해갔다. 그때의 문답을 일일이 기록한 자료가 〈대의각미록〉이다.

우선 '중국=사람', '이적=사람 아님'이라는 이분법의 근본적인 잘못을 따진다. 이런 식으로 태어난 곳으로 사람을 구분하면 다른 장소에서 태어난 사람은 높은 인간성이나 도덕성을 갖추기 위한 어떠한 노력도 보상받을 수 없게 된다. 한인의 문화나 사회를 '정답'이라고 규정해

놓았기 때문에 아무리 뛰어난 사람이라도 이적이라는 이유만으로 한 인보다 가치가 낮아질 수밖에 없다.

스스로 이적임을 부인하지 않은 옹정제는 인간성이나 도덕은 민족 이나 문화적 태생에 구애됨 없이 누구나 갖출 수 있는 것이며, 만주인 에게도 한인에게도 덕이 높은 자와 평범한 자가 있을 수 있다고 설명 했다. '천하일가 만물일원(天下一家 萬物一源)'이라고 하면서, 중화와 이 적을 구별하는 것은 자기모순이라고 했다. 인간으로서의 가치가 땅이 나 태생에 의해서 결정된다고 하는 화이사상의 근본을 혁파해버린 것 이다. 증정은 "황상이 말하는 것이 참으로 옳다. 나는 시골의 보잘것없 는 서생에 불과하여, 좁은 식견으로 잘못된 생각에 물들어 있었다"라 며 반성했다.

인간이 중심인 근대사상의 핵심을 서양과는 다른 형태로 훌륭하게 풀어낸 것이다. 태생, 혈통, 민족 등에 구애돼서는 세상을 넓게 볼 수 없다. 일본에서는, 아니 중국에서도 옹정제의 주장에 고개를 끄덕이는 사람이 많을 것이다. 한국에서는 과연 어떨까.

민족주의의 마력은 지금도 — '바른 역사'의 위험

'동아시아가 자유화·민주화된다면 일본을 공정하게 보거나 편견을 고칠 수 있을까?'

이 설문에 신중론을 제기하는 사람은 앞에서 본 히라노 도쿄대 교수 다. 낙관론을 경계하고 있다.

"민주적이고 자유롭기 때문에, 때로는 다른 사람에 대한 책임을 지지 않으려는 자기중심적인 사고방식에 빠지기 쉽다."

"타자로부터 받은 피해 감정이나 타자에 대한 적대감을 부채질하는 내셔널리즘은, 자국의 존재와 이익을 절대시해서 민중 개개인의 소박한 감정에 작용하고, 그것을 자유롭게 민주적으로 표현해도 좋은 상황 속에서 한층 확대 재생산될 수 있다."

여기서 히라노 교수는 전쟁 전의 일본이 가졌던 대외 강경론과 나치즘의 강세에 대해서도 언급한다.

"현실의 정치체제가 설령 자유롭거나 민주적이 아니라 해도 그런 발언을 하는 것이 인정되고 있다면, 발언하는 사람은 '자유'라고 생각할 것임에 틀림없다. 이것이 민족주의가 가진 마력이다."

교수는 중국의 민족주의자들이나 한국의 젊은 민족주의자들 심정이 아마 그럴 것이라고 한다. 또한 근래 일본의 민족주의자들에게도 비슷한 경향이 있는 것을 부정할 수 없다고 했다.

"대국주의를 내걸고 우리나라야말로 인류 본연의 모습에 비추어서 항상 옳다고 생각하는 사람들은, 실은 그러한 발상이야말로 그들이 미워해 마지않는 일본제국의 잔재라는 사실을 깨달아야 할 것이다."

자유와 민주의 발전으로 민족주의의 물살에 올라탄 '바른' 역사 인식에 대한 주장이 거세지고 있는 가운데, 히라노 교수는 그 위험성과 실태를 날카롭게 지적하고 있다.

한·중·일 역사학자 간의 상호 학습을 진전시켜온 미타니 히로시

전 도쿄대 교수. 그는 자신의 저서《애국·혁명·민주》에서 '나라를 불문하고, 근대 이후의 민족주의는 사람을 죽이는 폭력성을 수반한다'고 정면에서 지적했다.

1945년 제2차 세계대전에서 패배한 일본은 민족주의의 위험이나 무서움에 대해 누구보다 통절히 깨달았다. 전쟁 상대국이나 인접국으로 향하던 민족주의의 칼끝이 자신들에게로 겨눠지면서, 스스로 자신의 몸을 절반쯤 망치기에 이르렀기 때문이다. 전후 일본이 (때로는 과도할 정도로) 민족주의, 국가, 민족을 어둡고도 부정적으로 받아들였던 사실은 앞서 몇 차례나 지적한 대로다.

한국이나 중국은 '대항(對抗)형' 내셔널리즘이니만큼, 민족주의의 위험을 알기 힘들고, 오히려 박수를 치는 경향이 있다. 바로 그 점이 새롭게 발흥하는 나라의 약점이다(그리고 그 점이 일본에게는 믿기 어려운 시대착오로 보이는 것이다).

나도 지난번 한국 근무 이후 '바른 역사'라는 개념의 위험성을 지적했다. 2001년에 출간한 졸저《일본 외교관 한국 분투기》에서 '바른 역사관'이 실제로는 자국 중심의 '우리 민족의 스토리'에만 봉사할 뿐, 국제사회가 요구하는 공정하고 열린 역사관에 역행할 위험이 있고, '바른'이 아닌 '정확하고 공정한' 역사 인식을 목표로 해야 한다고 주장했다.

또 하나, 2011년에 일본에서 발표한 논문〈일본의 논점 2012년〉에서 중국의 '위로부터의 계몽'의 약점을 지적한 다음에 이렇게 썼다. '연

구 부족의 자유로운 논의가, 열린 애국 엘리트들의 계몽에 항상 이긴다는 보장은 없다.'

정치 민주화와 언론 자유의 역사가 긴 일본도, 보다 새로운 한국도 마찬가지다. 자유민주체제에 있는 나라의 언론도 포퓰리즘의 영향을 받기를 면할 수 없는 것이다.

자, '사악한 일본을 응징하고 징계한다'는 식의 외교 공세가 왜 실제로는 효과가 없을까? '일본이 역사를 반성하지 않고 우경화의 길을 걷고 있기 때문'이 아니다. '우리는 역사에만 연연하면서 외교·안보를 그르치고 있다'는 한국 내의 지적도 수긍할 부분이 있지만, 가장 적절한 답은 아니다. 나는 그 근본 원인이 바로 한국의 '바른 역사관'에 있다고 생각한다. 전승국, 패전국 등 나라의 구별 없이 글럭 교수의 '역사가 (민족의) 기억에 지면 안 된다'(125쪽)는 지혜로운 말을 항상 되새겨야 할 것이다.

2000년까지 내가 한국에서 본 '민족의 자긍심과 영광', '바른 역사'에 대한 경향이 2011~2014년에는 개선되기는커녕, 오히려 더 팽창한 듯싶었다. 고대사부터 근대사까지 '위대한 한민족의 역사'를 도도하게 논하는 연장자가 늘었고, "한국인은 머리가 좋다. 세계 어딜 가나 모두들 그렇게 말하며 칭찬한다"라고 자랑스럽게 말하는 사람이 늘었다. "프랑스나 일본의 잡지는 더 이상 안 본다. 해외에서 배울 것은 없다. 우리 것이 제일 좋다"라고 말하는 문화인도 나타났다. 자기중심적인 내셔널리즘이 지겨워졌다는 젊은 세대의 건전한 감각도 아직 가시지 않았지만 말이다.

자신감을 되찾는 것은 좋은 일이다. 그러나 그것이 '거대한 자아' 이미지로 부풀면, 험난하고 독선적인, 국제사회에서는 통하지 않는, 그나라 이익에 반하는 방향으로 나아가게 된다. 국제 관계의 역할을 누구보다 예민하게 읽고 슬기롭게 대응하는 듯하지만, 실은 뻔한 함정에 빠질 수도 있다. 전쟁 전의 일본처럼.

중국과
한국 외교

중국인가, 미·일인가 ─ 더해서 둘로 나누는 것이 외교·안보?

중국 경제는 모두가 주목하는 성장 엔진이다. "1980년대 일본만큼의 박력은 없다. 그때는 미국에서 이러다가 추월당하거나 질지도 모른다는 압박감에 국회의원이 일본 자동차를 때려 부수는 시위가 있었다"라고 하는 미국인도 있지만, 지금 당면한 초점은 중국이다. 그러나 때마다 물리력으로, 일방적으로 현상을 바꾸려는 중국을 경계하고 비판하는 나라도 많다. 미국과 일본, 동남아시아, 호주뿐만이 아니다.

그런데 많은 일본인들이 '한국은 일본을 얕잡아보면서 중국은 중요하게 여긴다', '미국과 일본보다 중국에 쏠리고 있다', '경제만 신경 쓰면서 외교·안보를 잊고 있다. 중국의 지배와 영향 아래 놓였던 역사에서 배우지 못한다'라고 본다.

이에 대해 한국인 대부분은 반론한다. "아니다. 중국의 호락호락하지 않은 점이나 검은 속셈에 대해서는 우리 한국이 가장 잘 알고 있다. 역사상 몇 차례나 혼난 일이 있다. 걱정할 것 없다."

과연 그런가? 중국의 장단점을 잘 알고, 국가 안보와 경제를 충분히 고려한 냉정한 외교를 하고 있는가? 나는 이 반론보다 앞의 일본 쪽 시각이 더 타당하다고 본다.

얼마 전 한·일의 기자, 관료, 연구자가 참석한 회의에서 한국의 숙련된 외교 전문가가 한·중 관계를 설명했다. 그는 '한국은 중국 쪽이 되었다'라는 일본의 우려에 답하기 위해 외교 현안별로 ' ○△× ' 표시를 해보이며, 미국·일본과 중국 사이에 끼여 있는 한국이 항상 중국 생각만 따르는 것은 아니라고 역설했다. 그는 나도 오랫동안 알고 지낸 경애하는 분이다.

나는 설명에 감사를 표한 후 이렇게 발언했다. "미국과 한국은 동맹 관계가 아닌가. 일본은 그 미국과 동맹국이다. 동맹이란, 국가 안전보장의 중요한 국면에서 상황에 따라서는 적과 아군으로 갈리는 것 아닌가. 중국 일변도는 아니다. 중국 쪽과 미·일 쪽, 양쪽이 반반씩이니 괜찮은 걸로 해달라는 이야기는 통하지 않을 것이다."

어느 나라와도 좋은 관계를 유지하고 싶은 것은 자연스러운 일로, 대부분의 나라가 그렇게 하고 있다. 그러나 '한·미 동맹도 중요하고 한·중 경제도 중요하니, 이 둘을 더해서 둘로 나눈다'라는 식은 외교 정책일 수가 없다.

미국의 지인은 40년간의 ASEAN과 한국의 모습을 비교해 설명해주었다. 전에는 한국이 서방의 우등생, ASEAN은 흔들리는 문제아였다. 사회주의 국가인 베트남이 생겨났고, 캄보디아 내전으로 중국 공산주의의 손길이 미치면서 불안정해졌다. 동북아시아에서는 경제 대국 일본이 가장 중요하지만, '헌법이 있으면 세계는 평화'라는 식의 현실을 모르는 꿈같은 절대평화의 이상주의에 취해 있었다. 반면 한국은 냉엄한 대립을 확실히 이해하는 믿음직한 나라였다.

ASEAN도 나라에 따라서 색깔은 달라도 중국과는 깊은 경제 관계로 엮여 있지만, 동시에 근년에는 중국에 시시비비를 가리며 단서를 붙인다. 물리력으로 현상을 바꾸려 하면 단호하게 'no'라고도 한다. 일본은 걸프전(1991년)과 캄보디아 PKO, 중국이나 북한의 문제를 들여다보면서 세계의 현실에 눈을 떴다. 안보의 중요성을 드디어 이해하게 되었다. 그러나 한국은 반대 방향으로 가고 있는 것 같아서 걱정이다. 자신들의 세계관이 균형감각을 잘 유지하고 있으며, 그것이 진보된 결과물이라고 생각하고 있기 때문에 더 걱정이다. 이제 한국은 ASEAN의 중국 정책을 참고로 했으면 좋겠다.

한국 외교는 중국을 바른 궤도에 올려놓기 위한 미 · 일(동남아시아 여러 나라와 호주도 참가)과의 공동 작업에 참여하지 않고, 오히려 중국의 정치 선전 목적에 편승해 일본을 향한 비난전에 합세하는 경향이 강해진 것처럼 보인다. 미국의 전문가 중에도 "블루 팀에 있어야 할 한국이 레드 팀에 가 있다"라고 염려하는 사람이 있다. 한국은 동맹국이 아닌가, 중국의 확장주의 행동에 문제를 느끼지 않는다는 말인가, 비판이 오히려 일본을 향해 있는 건 아닌가, 하는 소리를 자주 듣는다.

중국이 한국을 끌어당기는 가장 편한 연결고리는 '역사'다. 앞에서도 언급했듯이, '역사는 민족주의적인 단순한 기억과 긴장 관계에 있는 것으로 역사를 기억에 밀리게 두어선 안 된다'라고 하는 귀중한 잣대가 이 두 나라에는 충분히 공유되지 않은 것 같다. 오히려 '역사를 민족주의적인 기억과 동일시한다', '자국의 역사관이 유일하게 맞다'라는 경향이 강하다. 일본 등이 제2차 세계대전 직후부터 극복해온 것인데 말이다.

한국과 중국, 두 나라 중 어느 쪽이 먼저 빠져나올 것인가. 경제·사회의 발전 단계에서 보더라도, 학문 특히 인문·사회과학의 자유로움에서 보더라도, 당연히 한국에 기대해야 한다. 그러나 최근의 모습을 보면 그렇게 전망할 자신이 없다.

일본에서는 중국의 환경오염, 부패, 격차, 농촌 붕괴 등 사회 모순이 전부터 상세히 보도되고 있다. 물리력으로 주변 해역을 바꾸려고 하는 중국의 움직임이나, 베트남과 필리핀에서의 반중 시위나 정부 비판, 경계도 자주 보도된다. 홍콩에서의 '베이징은 세뇌교육을 그만 하라'고 외치는 시위도 마찬가지다.

이런 종류의 보도가 한국에서는 매우 드물다. 이것 역시 '분위기, 공기' 때문일 것이다. '미세먼지'는 보도됐지만, 이것도 일본의 규슈(중국이 오염원이어서 한국보다 훨씬 멀지만) 등에서는 아이들의 건강에 해로 올 수 있다고 오래전부터 화제가 되어왔다.

한국과 ASEAN의 중국에 대한 태도를 비교해보면 보다 알기 쉽다. ASEAN이야말로 제2차 세계대전 후, 중국과 전쟁도 하고 직접적인 개입도 당했다. 압도적이라 할 만한 중국의 경제적 영향력에 노출돼 있으면서도, 중국을 계속 주시하며 미국·일본과 연대하여 중국에 대해 주장할 것은 주장하고 있다. 한국은 아무리 호의적인 눈으로 보더라도 그렇지 않다.

그런데 한국은 중국을 지나치게 '좋게, 크게' 보는 것만이 문제가 아니다. 지나치게 '나쁘게, 작게' 보는 경향도 있다. 앞서 설명한 대로 이중의 의미에서 실상을 제대로 파악하지 못하고 있는 것이다. 간단히 말하면, 나라는 과대하게, 사람은 과소하게 보는 두 종류의 편견이라고 할 수 있다. '보고 싶은 것만을 보는' 현상이 반복되면서 한국의 중국에 대한 자세, 나아가 그로 인해 미국이나 일본과의 조율에도 영향을 미치고 있다.

내 생각으로는 한국은 중국에 대해 지나치게 무력감이 강한 것 같다. '중국 견제는 미국이나 일본, ASEAN에 맡기고 나는 이익만 누리겠다'는 어부지리식 계산이 혹시나 있다면, 상황을 너무 안이하게 생각하는 것이며 몽상에 가깝다.

한국은 좀 더 외교력을 발휘할 수 있다. 끈질기게 지적해 한 방향으로 이끈다는 당연한 외교 활동을 다소 소홀히 하고 있지는 않은가. 불필요하게 공격적일 필요는 없지만, 불필요하게 소극적일 필요도 없다.

● 2014년 2월, 천하이 주한 중국 대리대사가 〈중앙일보〉에 기고했다. 이 글에는 오해나 문제점이 많아 내 반론이 게재되었는데, 여기에 한 문장만 소개한다.

'중국은 과거 대외 침략과 팽창의 역사가 없으며…'

어떻게 생각하는가? 수긍할 수 있는가? 당시 한국에서는 반론이 보이지 않았다는 것을 어떻게 이해해야 할까?

중국은 1970년대 이후만 해도 베트남에서 전쟁을 일으키고, 영토 문제와 관련해 다른 나라에 군사력을 행사했다. 근래 들어 중국의 물리력에 의한 팽창주의는 주위 각국의 반발을 불러일으키고 있다.

또, 한국이야말로 고대 이래 몇 번이나 침략을 받은 적이 있는 당사자다. '6·25'도 있었다. 옛날 일에 대해 '그것은 다른 나라(왕조)다'라는 식의 이야기는 통하지 않는다. "아편전쟁 이래 유럽이나 일본에게 맛보았던 굴욕의 백수십 년"이라고 중국 스스로 자주 말한다. 왕조나 정치 형태의 변화는 다른 이야기인 것이다.

● 2015년 9월, '항일전쟁 승리 70주년' 기념행사. 군사 퍼레이드가 펼쳐지는 가운데, 시진핑 주석이 "중국은 일관되게 평화적인 발전의 길을 걸어갈 것이다. 중국은 영원히 패권을 주장하지 않고, 영원히 확장 노선을 추구하지 않을 것이다"라고 연설했다.

이에 대해 필리핀 국방부가 성명을 냈다. "평화를 향한 노력은 환영하지만, 그렇다면 왜 군사력을 과시하는 것인가. 중국의 지도자는 평화적 노력이라는 기만적인 언사를 그만두어야 한다. 중국은 남중국해 매립지에서 진행 중인 시설 건설 등을 중단하고, 항행이나 비행의 자유를 제한하는 것을 그만둬야 한다."

이상 두 가지는 선명한 대비다. 미국과 일본만이 아니라 아시아 각국을 비롯한 세계가 주시하고 있다. 한국에서는 동아시아의 중국 비판이 제대로 보도되지 않으며, 그것은 터부(taboo)라고 들었는데, 설마 그렇지는 않을 거라고 믿는다.

한국은 국익이 다른 나라 중국에 이용당하고 있다?

2014년 초 중국사회과학원의 〈아시아·태평양 발전 보고서〉에, 중국에 대한 주변국의 인식 분석이 실렸는데 매우 흥미로웠다. 미국, 영국 기업의 조사 데이터를 바탕으로 '주변국 대부분은 중국과 가까우면서 친하지는 않다'고 요약하고 있다.

- 파키스탄, 러시아. 말레이시아, 인도네시아의 중국에 대한 호감도가 높다. 중국에 호감을 가진 사람의 비율이 50퍼센트를 넘는다.
- 한국, 일본, 인도는 중국에 대한 평가가 연속해서 가장 낮다. 이 세 나라는 중국에 대한 긍정적인 평가가 40퍼센트 이하다.
- 한국인의 중국에 대한 부정적인 평가가 드러났다. 2009년 조사에

서는 한국인의 일본에 대한 호감도는 50퍼센트, 미국에 대한 호감도는 63.7퍼센트, 중국에 대한 호감도는 46.4퍼센트였다. 즉, 중국에 대한 평가는 숙적인 일본에 대한 평가보다 낮았다.

● 이상의 배경에는 국가 간의 경쟁관계가 있으며, 군사 문제에 있어서 상호 신뢰가 구축되지 않은 것도 있다. 주변국의 오해도 있지만, 중국이 안고 있는 약점도 있다. 교류나 접촉이 늘수록 중국인의 약점도 노출되어, 2020년까지는 부정적인 인식이 늘어날 것이다. 그 후 중국 국민의 소양이 향상되고 주변국이 공통 이익을 찾는다면 긍정적인 평가가 증가할 것이다.

어떤가. '장밋빛'으로 채색되어 있지 않아 놀랐을지 모른다. 이 보고서는 중국 자신의 약점도 냉정하게 들여다보고 있다. 이것이 이 책에서 여러 차례 언급한 중국의 강점이다.

한국이 중국과 일본 중 어느 쪽에 더 호감도가 높은가는 조사에 따라 조금씩 다르다. 아무튼 중국이 한국에 대한 홍보에 중점적으로 시동을 걸고, 중국에 대한 호감도를 높이기 위해 다양한 노력을 기울이는 것은 틀림없는 사실이다. 앞으로도 이런 노력들을 끈질기게 계속해 나갈 것이다. 이전부터 '공자(孔子) 학원' 등 중국어 학습자 증가에 공을 들이고 있다. 유학생이 늘었고, 문화 교류, 대학 간 교류, 지방 교류도 늘고 있다.

상호 이해를 진전시키는 것은 바람직하다. 다만 한·중 양국에서 근무하고, 민중 차원의 '상호 저평가'와 정부 간 '밀월'을 보아온 나는 한국 입장에 서서 얼마간 불안도 느낀다.

한국의 전통문화를 중국이 자국의 '지방문화', '아류문화'로 보는 경향이 있는 것, 여론조사에서 한국이 일본을 누르고 '싫어하는 나라 1위'가 된 것, 운동경기에서 야유가 일본보다 한국 쪽에 많았다는 것, '중국은 좋은 나라, 일본은 나쁜 나라'라고 하는 한국 서민을 향한 그들의 냉정한 눈. 모두 이 책에서 소개한 내용이다.

● 경제 협상 실무를 담당한 한국의 관료가 말했다. "중국의 술책에는 정말 조심해야 한다. 한국 정부가 EPA(FTA)를 중국과 시작할지 일본과 시작할지를 두고 한창 논의할 때, 중국은 놀랄 만큼 유연함을 보였다. 대부분의 주장을 철회할 것처럼(자기 패를 완전히 거둘 것처럼) 나왔다. 그것도 있고 해서 우리는 일본이 아닌 중국과 협상을 시작했다. 그런데 그 후 중국은 태연하게 원래의 주장을 부활시키고 있다."

● 외교 담당 기자에게 들었다. "안중근 의사의 기념비를 세우는 일을 한국이 요청했지만, 중국은 관심을 갖지 않았다. 그러다 돌연 한국이 요청한 그 이상의 제안을 해왔다. 정치적으로 한·중 연대를 부각할 수 있는 기회가 왔다고 본 것이다." 한국 정부는 놀랐다. 기자는 말한다. "우리는 중국의 뜻대로 이용당하고 있는 셈이다. 안중근이라고 하면 한국이 혹하지 않을 수 없는 사안이라는 걸 안 것이다. 역사는 한국을 일본으로부터 멀리하고 자기 쪽으로 끌어들이는 간편하고 효과 높

은 도구다"라고.

● 내 지인 중에 우수한 중국 연구자가 있다. 그는 대통령도 중용하고, TV 뉴스 해설에도 잘 등장하는데, "우리 한국인은 중국을 모르는데 안다고 생각한다. 우리와 국익을 크게 달리하는 나라인데 그 점을 간과하고 있다"라고 한탄했다.

● 김대중 대통령 시절 장쩌민 주석이 방한해 "역사 문제에 대해 한국과 중국이 손잡고 일본을 비판하자"라고 제안한 데 대해 김 대통령은 "그것은 그다지 좋은 방법이 아니다"라며 정중히 거절했다. 감정, 선정에 호소하는 중국의 손에 놀아나지 않은 것이다. 전에 한국 외교부로부터 들은 이 이야기를 한국의 지인에게 전했더니, 그는 "이 무렵의 한국은 일본에 대한 이해도에서도, 정치인의 기량 면에서도 확실히 중국보다 한 수 위였다. 그리고 지금의 한국 지도부보다도 한 수 위다"라고 말했다.

한국에서는 '우리는 중국과 일본의 중간이어서 어느 쪽도 잘 보인다', '중국과 일본은 양 극단이고 우리가 중용이다'라는 인식이 있는 것 같다. 경제 발전 단계, 민주화의 정도, 사회질서나 매너 등에서 그런 면도 있을 것이다. 그러나 그렇지 않은 면, 한국의 일반적인 이해에 반하는 면도 많다. '독선적인 민족주의는 중국에 해가 된다', '일본을 암흑의 이미지로 보지 마라' 등은 제4장에서 언급했지만, 다음과 같은 자잘한 에피소드를 봐주기 바란다.

한국이 모르는 중국과 일본

의화단 봉기 실패(1900년) 후, 서태후는 장즈퉁 등 개혁파를 기용하고, 입헌제 도입을 비롯한 개혁을 단행했다. 그 가장 유력한 모델은 메이지 일본이었다. 청일전쟁에서 패배한 그 상대였다. 한편, 쑨원이나 황싱이 혁명운동(일본의 지원을 받아, 활동거점도 일본)을 일으켰다. 그들도 메이지 일본에 지대한 관심을 기울이며, 황싱을 비롯한 많은 사람이 사이고 다카모리(西鄕隆盛)에게 경의를 표했다. 훗날 중국 공산당 초대 총서기가 된 천두슈(일본에 유학)는 1903년에 〈제서향남주유엽도(題西鄕南洲遊獵圖)〉라는 사이고를 위한 시를 남기기도 했다. 많은 젊은 지식인이 동경하는 모델이었던 듯하다.

일본 문화

중국인 친구의 관찰과 지식에 놀랐다. "일본 문화의 특징은 인간과 사회의 본질, 진리를 '푹' 하고 찌르는 점이다. 영화에서도 소설에서도 근본을 추구한다. 일본 문화는 '조화(어울림)'나 무언가를 더 해 둘로 나눈 것만이 아니다. 나카지마 아쓰시의 〈산월기〉에 나오는 '겁 많은 자존심과 존대한 수치심'이라는 말에 놀랐다. 우리 근대인의 자아의 고뇌를 이처럼 예리하고 간결하게 표현한 말을 나는 알지 못한다. 그것도 70년이나 전에."

말

'Doctor'의 첫 음절을 한국은 '다'로, 일본과 중국은 '도'로 발음한다. 'Marathon'의 끝 음절도 한국은 '톤', 중국과 일본은 '손'으로 발음한다. 세 나라에서 상용하는 한자 숙어의 다수가 일본에서 비롯되었다는 것을 중국과 일본에서는 알고 있다. 社會, 革命, 政治, 民主, 科學, 哲學, 抽象, 具體, 社會主義, 共産黨, 物理, 化學 등등. 한국에서는 거의 모른다. 어느 중국인이 농담처럼 말한다. "중화인민공화국이라는 국명도 '중화' 이외의 7분의 5는 일본산이지요."

어느 재벌 그룹의 회장이 두 딸을 고등학교 시절부터 중국에 유학을 시켰다. 그것도 좋다. 나는 한국이 중국의 실상을 파악하기를 진심으로 바란다. 그러나 앞서 말했듯 '과대평가와 과소평가의 결합'으로 한국인에게는 중국의 실상이 제대로 전달되지 않는다. '중국이라면 우리 한국이 제일 잘 알고 있다'라고 하는 심리가 현상을 더욱 악화시키고 있는 것이다.

중국은 그런 한국의 상황을 물론 잘 알고서 꾸준히 작업하고 있다. 경제 교섭도, 안중근 기념비도, 임진왜란도 그렇다. 중국에는 냉정하고 냉철한 엘리트, 세계를 잘 들여다보고 가늠해서 대책을 강구해 주는 엘리트가 많다는 사실은 제4장에서 강조한 대로다.

자, 이러한 상황이 계속되면 한국은 이득을 볼까, 아니면 손해를 볼까? 과연 어느 쪽일까?

역사란?
- 한국은 내셔널리즘을 극복할 수 있을까

'피해자·가해자는 천 년이 지나도 변하지 않는다'가 의미하는 것은?

한국의 연구자와의 대화를 소개해 보겠다.

A씨 한국의 모 장관이 피해자와 가해자(의 구별)는 천 년이 지나도 변하지 않는다고 말했습니다. 일본은 올바른 역사관을 가져야 한다고도 했습니다. 어떻습니까? 피해자와 가해자의 구별이 있다는 말을 어떻게 생각하십니까?

미치가미 구별은 있습니다. 무라야마 담화나 1998년의 한·일 공동선언도 이를 토대로 인근 국가에 대한 반성과 사과를 담은 것입니다. 모든 것을 상대화하는 것이 저의 취지는 아닙니다. 하지만 이 '천 년이 지나도…'는 유럽의 역사 대화와는 정반대의 정신입니다. 이런 발상으로는 한국과 동아시아의 역사 대화는 어렵습니다.

쌍방이 자신에게 불편하고 유쾌하지 않은 사실도 직시하고, 상대한테 어떻게 보이는가도 이해하는 일이 역사에서는 중요합니다. 어느 나라도 – 전승국이든 패전국이든, 지배국이든 피지배국이든 – 독선적이고 일방적인 내셔널리즘에 빠지기 쉽습니다. 자신에게 유리한 스토리를 역사라고 생각하고 싶어 하지요. 그것을 극복하고, 공정하게 역사를 보는 일이 모든 나라의 과제일 것입니다.

이것은 역사학의 국제적인 공통 이해이며, 귀중한 도달점입니다. 한국에서는 아직 이것과는 반대인 내셔널리즘에 묶인, 오히려 이를 조장하는 역사관이 강한가 봅니다. 그것이 오히려 '바른 역사관'이라고 불리는 것은 아닐까요.

A씨 역사와 역사학은 지적하신 대로입니다. 이견이 없습니다. '천 년이 지나도 변하지 않는다'는 식의 먼 옛날이야기를 왜 지금 꺼냈는지 저도 고개가 갸웃거려집니다. 적어도 현대에 통용되는 역사관은 아닙니다. 저처럼 학문적으로 역사의 훈련을 받은 사람은 잘 압니다. 끊임없는 학문의 발전으로 옛날의 통설이 지금은 잘못된 것으로 여겨지고, 외국 연구자들과의 논의로 자신의 견해 부족, 자기중심적인 문제점이 계발되기도 한다는 것을 잘 알고 있습니다.

다만 지금의 한국 리더들은 학교 교육을 받을 당시 '우리 관점이 올바르다'라고 하는 민족주의적 역사 교육을 받은 세대입니다. 역사는 믿음이 아닌 사실에 근거해야 한다, 다양한 관점에서 접해봐야 한다는 것이 올바른 역사관이고 국제적 기준인데, 우리나라에서는 아무래도….

미치가미 '역사는 민족의 기억에 져서는 안 된다', '어느 나라든 단순하고 알기 쉬운 민족의 스토리를 원한다. 그것을 극복하는 것이 역사다'라는 당대 최고의 역사학자 글럭 교수의 예지를 한국도 일본도 되새겨봐야 할 것입니다.

대화는 양방향으로 ─ '결자해지?'

〈과거의 극복 : 일본과 독일〉이라고 하는 2001년의 좌담회 기록을 다시 읽어보았다. 일본 국제문제연구소와 독일의 국제안전보장연구소(SWP) 공동 주최였다. SWP 소장 등이 제2차 세계대전 후 독일의 역사에 대한 반성을 이야기하며, 어떻게 이웃나라와의 신뢰를 구축했는지 설명하고 있다. 그들이 말하기를,

● 어느 나라가 이웃나라 교과서에 대해 말하는 것은 쌍방 간에 이루어져야 하며, 일방통행이어서는 안 된다.

● 독일의 교과서가 프랑스와 폴란드에서 체크됨과 동시에, 독일이 프랑스와 폴란드의 교과서도 그렇게 할 수 있다는 것을 인정했다. 그런 과정을 통해 다양한 가치를 가진 신뢰 관계를 구축하는 역할을 다할 수 있게 되었다. 장차 프랑스의 어른이 될 프랑스의 아이들이, 폴란드의 어른이 될 폴란드의 아이들이, 독일의 어른이 될 독일의 아이들

이, 우리 모두가 공명정대하게 느끼는 같은 교과서로 배운다는 신뢰감을 얻을 수 있게 된 것이다. 그것은 실로 거대한 신뢰 관계를 구축하는 장치였다.

실제로, 폴란드 측이 끝까지 인정하지 않으려 했던 자국 측 문제를 독일에 대해서 인정하는 일도 생겼다고 한다. 여기서 소개한 역사 문제의 '쌍방 간 통행'은 한국에는 그다지 알려져 있지 않은 듯하다. 유럽과 동아시아의 본질적인 차이, 한국이나 중국 측에도 문제가 있다고 지적하는 사람은 미국, 중국, 한국에도 있다.

● 한국, 중국, 일본, 미국, 대만의 교과서를 비교 연구한 스탠퍼드 대학의 피터 도우스 명예교수는 이렇게 말했다. "한국의 교과서는 특히 내셔널 아이덴티티의 의식 형성에 강한 초점을 맞추고 있다. (중략) 내가 경악한 하나의 예는 주요 한국 교과서에 히로시마, 나가사키의 원폭 투하에 대한 기술이 없다는 점이다. 그만큼 그들은 자기중심적으로 밖에 역사를 보지 않는다."(《요미우리신문》, 2008. 12. 16)

● 중국의 평론가 첸옌은 말한다. "중국의 한 일본 문제 전문가는 '전쟁이 끝나고 프랑스가 독일을 받아들였기 때문에 유럽의 화해가 성립되었다. 중국은 아시아의 프랑스가 될 수 있을 것인가, 그것이 과제다'라고 말했다. 중국 측이 접지 않고는 아시아의 화해는 없다는 사실을 많은 중국인이 알고 있다."(《주간 동양경제》, 2015. 5. 1)

● 양상훈 조선일보 논설위원의 칼럼(101~102쪽)은 국가 간의 권력 정치(Power Politics)에 약간 더 무게를 둔 것으로, 위에서 말한 '쌍방 간의 통행'을 전제로 한 논설은 아닌 듯 보이지만, '일본만을 탓한다고 해결될 문제가 아니고, 우리 쪽에도 문제가 있다'는 방향성은 신선했다.

그런데 이런 이야기를 하면 한국 측이 "취지는 알지만 우리 입장에서는 '결자해지' 차원에서 일본 측이 먼저 명확히 해주어야 한다고 생각한다"고 말하는 경우가 있다. 나는 이렇게 대답한다.

"원인을 제공한 측이 먼저 움직여야 한다는 말이라면, 그런 의미에서는 이해할 수 있습니다. 하지만 일본은 아무것도 하지 않고 그저 앉아만 있는 나라인가요? 아닙니다. 전쟁이나 식민 지배의 상대에게 이전부터 몇 차례나 확실하게 반성과 사과를 표명하고 있습니다. 위안부 문제도 그렇습니다. 이 사실을 먼저 확인해 주시길. 자, 이런 사람이 있다고 합니다. '나는 너희 일본 일에 신경 쓰지 않는다. 내가 정의다. 내가 말하는 대로, 내가 만족할 만큼 너희가 하지 않는다면 그건 역사 왜곡이며 위험한 우경화다.' 이는 결자해지도 아니고, 단순한 폭론입니다."

20세기 말까지 한국에서 이것은 극히 일부의 극단론이었고, 건전한 양식이 이를 억누르고 있었다. 그러나 차츰 어디에도 통하지 않는 이런 종류의 발상이 늘어가고 있다.

한국의 정치·경제·사회가 뒤처져 일본과 국력 차이가 있을 때는 일본 안에도 "억지스럽더라도 지금은 봐주자. 한국이 힘이 생겨서 이성적으로 이야기할 수 있을 때를 기다리자"라고 관대하게 말하는 이가 있었다. 그러나 한국이 국제사회에서 힘을 기른 지금 사정은 크게 달라졌다. 보통 국가끼리 통하지 않는 이야기는 한·일 간에도 통하지 않는다. 자기의 이해와 일치하지 않으면 '역사 왜곡이다', '위험한 우경화다'라고 일본을 비판하는 태도는 그만 졸업하는 편이 좋을 것이다.

이상, '올바른' 역사관, '올바른' 일본관에 대해 분석해 보았다. 국내의 공기, 분위기에 끌려다니다가 상대국의 실상, 국제사회나 동아시아 모습과 동떨어진 주관에 빠져버리는 것은 아닌지. 혹시 그렇다면 한국 외교의 조율에도 큰 차질이 생길 것이다.

● 애보트 호주 총리 : 아베 총리의 담화(2015년 8월)는 제2차 세계대전 중의 호주 및 다른 나라의 고통을 인정하고 있다. 호주는 이러한 희생과 고통을 잊지 않는다. 수십 년에 걸쳐서 일본은 국제사회의 모범적인 시민이었으며, 세계 평화와 안정에 지속적으로 공헌해 왔다. 양국의 국민과 지도자가 과거의 그림자에 의해 미래가 좌우되는 것을 거부해 왔기(our people and leaders have refused to let the shadows of the past dictate the future)때문에 우호관계를 발전시킬 수 있었다.

● 필리핀 대통령 성명 : 적극적 평화 추진을 지지한다. 중국이나 한국은, 아베 총리가 깊은 슬픔을 표했음에도 불구하고 새로운 사과가 없다며 비판하고 있지만, 필리핀의 입장은 다르다. 전후 일본은 국제법

에 따라서 행동하고, 지역과 사회에 보다 적극적이고 전향적으로 참여하고 있다.

- 인도네시아 정부 논평 : 담화에 경의를 표하며, 높이 평가한다. 우리는 모든 (아시아) 지역의 국가가 평화 유지를 위해 공헌해 주기를 촉구한다.

- 미국 국가안전보장회의(NSC) 대변인 : 70년에 걸쳐 일본은 평화, 민주주의, 법의 지배에 대한 변함없는 헌신을 보여 왔다. 이러한 실적은 모든 나라의 모범이 될 것이다.

이상은 일본에 호의적인 나라, 일본에 유리한 내용을 고른 것이 아니다. 모두 지난 전쟁에서 적국인, 역사 문제에 있어서 일본에 대한 반감이 뿌리 깊은 나라들이다. 필리핀은 중국 다음으로 일본에게 큰 손해를 본 나라다. 호주도 큰 희생을 치렀다. 수많은 사상자가 발생했으며, 일본의 공습도 받았다. 애보트 총리의 말은 특히 영어 원문으로 표시한 부분이 감명 깊었다. 역사에 대한 예지란 이런 것인가 하고 고개가 숙여지며 엄숙한 기분이 든다. 인도네시아가 아시아의 어느 나라에 평화 유지를 '촉구'하는가는 누구라도 짐작할 수 있을 것이다.

일본의 지난 70년의 발자취와 현재를 어떻게 평가하는가. 이것이 세계 전체는 아니라도 대부분의 모습이다. 도도한 흐름은 막을 수 없다. 높은 물은 아래로 떨어진다. 단, 일본은 높은 평가와 여러 외국의 너그러움에 감사하면서 이에 우쭐하지는 않을 것이다. 앞으로도 역사의

'빛과 그림자' 가운데 그림자도 진지하게 마주하며, 다른 나라의 아픔을 이해하는 나라로 계속 남을 것이다. 자신의 문제점을 살펴보고 수정하며, 세계 평화에 기여할 것이다.

쑨원과 러일전쟁, 중동과 일본

중국 근대혁명의 아버지인 쑨원이 1924년 고베에서 가진 '대아시아주의' 강연. 강연록을 보면 쑨원은 이렇게 말하고 있다.

러일전쟁(1904~1905년)이 끝날 무렵. 쑨원은 파리에서 귀국하던 중에 수에즈 운하를 통과했다. 그때 아라비아인들이 그에게 "당신은 일본인인가?"라고 물었다. 쑨원은 중국인이라고 대답했다. 아라비아인들은 "우리들은 지금 아주 기쁜 사실을 알았다. 부상당한 러시아 군대가 수에즈 운하를 통과해 유럽으로 가고 있다. 아시아 동방의 국가가 유럽 국가를 이겼다는 사실을 알고, 우리는 마치 우리나라가 전쟁에 이긴 것처럼 기뻐하고 있다"라고 쑨원에게 말했다.

강연에서 쑨원은 말했다. 그때부터 이집트의 독립운동이 시작되었고 페르시아·터키·아프가니스탄·인도까지 독립운동에 불이 붙어, 그 후 20년간 활발히 전개되었다고. 일본이 러시아와 싸워 이긴 사실이 전 아시아 민족의 독립운동의 시발점이라고.

러일전쟁에 대해 한국에서 비판적인 시각이 있다는 것을 알고 있다. 그러나 서양 열강의 지배에 괴로워하는 세계의 많은 나라가 일본의 승리에 용기를 얻었다는 사실, 그 세계사적 의의는 부정할 수 없다.

이제 나는 한국 근무를 끝낸 후 중동으로 발령받아 두바이에 있다. 중동 근무는 처음이어서 동북아시아와는 다른 새로운 일들을 많이 경험하고 있다. 머릿속에 또 하나의 세계지도가 입력된 것 같다. 이 지역에서 일본은 존경 받는 나라다. '일본에서는 길에다 지갑을 버려도 집어가는 사람이 없다'는 사실을 실험을 통해 확인한 TV 매체도 있었다. "일본인은 자기 자신이나 돈보다 사회를 우선한다. 일본인은 이슬람교도는 아니지만, 우리보다 더 이슬람교도다." 이런 말은 이 지역에서는 최고의 칭찬이다. 여기서는 전통적으로 인도나 유럽의 존재감이 크지만 비즈니스에서는 최근 한국이나 중국이 적극적으로 진출하고 있다. 수적으로는 일본인보다 훨씬 많다.

한 회사에서 사원의 국적이 25개나 되는, 동아시아에서는 찾아볼 수 없는 극도로 글로벌한 기업이 많다. 동시에 근·현대사에 대해서는 서양에 대한 원망이 강하다. 일본에 대해서는 러일전쟁에서 승리했다는 것, 미국과 영국에 전쟁을 걸었다는 것, 히로시마·나가사키의 원폭 피해, 전쟁의 폐허 속에서 기적적으로 부흥한 사실들이 잘 알려져 있다.

두바이에서 택시 기사가 "미국은 패썸하다. 정면으로 전쟁에 도전한 일본이 멋지다. 폐허 속에서 다시 일어서서 세계 최강의 경제대국이 되었다. 일본은 우수하다. 다음번에는 미국에게 지지 마라"라고 말했다. 나는 고소를 지으면서, "아니, 전쟁은 좋지 않다. 전쟁은 사람을 죽이고 불행하게 한다. 일본은 경제나 문화에서 세계에 공헌할 것이다"라고 진심으로 대답해 주었다.

한·일 관계에 빛을 되찾으려면

만남, 친근감

운좋게도 나는 존경할 수 있는 많은 한국 분들을 만났다. 고령임에도 건강하고 고상한 멋이 넘치시는 분, 넓은 시야에서 합리적으로 사고하는 젊은 사람, 사업을 일으켜 성공을 거두었음에도 (일본인 이상으로) 과묵하고 겸허한 분도 만났다.

일본에서 대규모 사업을 전개하고 있는 회사 간부도 만났다. 일본에서 10년 가까이 살고 있는 분으로, 내가 "변함없이 한·일 교류를 지원해 주셔서 감사합니다"라고 인사하자 "미치가미 공사, 미안하지만 한·일 관계의 절반은 우리 기업들 쪽에서 받쳐주고 있는 셈입니다" 하고 말했다.

대사관에서 매일매일 한·일 간 현안이나 정상회담을 담당하고 있으면 마치 한·일 관계를 우리들이 움직이고 있는 것 같은 기분이 든다.

그러한 기개는 필요하지만 오만해져서는 안 된다. 일상생활에서 사용하는 자동차, 전화, 식품, 음료, 가전, 생활용품, 기계 등 국산품도 대부분 부품 및 기술에 외국의 것들이 들어간다. 분명, 기업의 영역이 국경을 넘어서 우리들을 이어주고 받쳐주고 있는 것이다.

어느 음악가가 말했다. "즐거운 엔터테인먼트의 효과는 크다. 하지만 문화 교류는 그것만으로는 부족하다. 좀 더 진지하게 접근하는 수준, 즉 머리로 땀을 좀 흘리는 작업도 필요하다. 자신에게는 없으나 상대에게 있는 것을 알게 되면 감동이 국경을 넘는다. 우리 세대는 일본의 멋진 음악을 동경했고, 교류도 많았다. 하지만 요사이 십수 년, 젊은 사람들은 유럽이나 중국 쪽으로만 눈을 돌린다. 일본에서도 오지 않는다."

따로따로 만난 분들이 실은 부모-자식 간이거나, 형제나 부부 사이라는 사실을 알게 된 적이 여러 번 있었다. 인생에서 만남의 인연이 이토록 경이롭구나, 하고 느꼈다.

1986년 하버드대 대학원 유학 중 여류작가 한무숙 씨의 '한국문학 강연회'에 발걸음을 하게 되었다. "나는 한국어 다음에 일본어였다. 영어는 아무래도…"라고 하셨는데, 훌륭한 영어 강연이었다. 강연이 끝나고는 만나서 이야기를 나누는 기회도 가졌다.

춘원 이광수의 손녀인 연구자 안 리 씨도 그곳에서 처음 만났다. 그로부터 30년 가까운 시간이 흘렀다. 2013년 '문학과 국제교류'라는 모임에 초대되어 강북에 있는 어느 분의 자택을 방문하게 되었다. 나를 맞아준 사람은 알고 보니 한무숙 씨의 아들이었다. 미국에서 어머니를 한 번 만난 이야기를 했더니 무척이나 반가워하셨다. 어머니의 귀중한 자필 원고 사본까지 내게 주었고, 나중에 한·일 축제 한마당에 지인들을 데리고 참석해 주었다.

젊은 시절 군인으로, 박정희 대통령 정부에서 근무한 적이 있는 80대 초반의 어른이 있었다. 이야기를 들으러 가서 알게 되었는데, 그분은 내가 이미 알고 있는 중견 정치인의 아버지였다. 고 박 대통령의 뛰어난 리더십이나 사람 쓰는 법, 그 최후에 대해 얘기해주었다. 실로 흥미진진하고 박진감 넘치는 현대사였다. 그분이 이런 얘기를 했다.

"6·25는 고등학교 2학년 때였다. 북쪽에서 학교를 접수해서 관리하던 때가 있었는데, 인민군에 참가하라는 모집에 응해 북쪽으로 넘어간 친구가 동기생의 4분의 1쯤 되었다."

그 말을 듣고 문득 정신이 들었다. 그 후 한국의 발전을 주도한 분들과 똑같이 우수하고 젊은 인재가 북에도 꽤 많았다는 얘기다. 북한은 물론 심각한 문제를 안고 있는 체제이지만, 맹점 하나를 찔린 기분이었다. "인생을 사는 동안 무슨 일이 일어날지 아무도 모른다. 나만 해도 자칫했으면 북으로 갔을지 모르겠으나, 한국 군인이 되었고 나중에는 경제인이 되었다." 그분의 말을 들으며 '아무쪼록 열심히, 그리고 즐기며 살아야 한다'는 교훈을 얻었다.

서울에서 일본풍 선술집과 우동가게가 성행하고 있다. 일본어 메뉴를 걸어놓은 가게도 있다. 책방에는 일본 소설이나 경제 관련 서적이 즐비하다. 일본 관광은 도쿄, 교토, 후지산, 오키나와뿐만이 아니다. 연령층도 세대를 넘어서 다양하다. 《홋카이도 자전거로 혼자 여행하기》, 《한국 여자, 시코쿠에 가다》, 《맛있게 일본 여행》이라는 책도 있다.

일본에서도 김치가 슈퍼마켓이나 편의점에 진열돼 있다. 한류 붐이 한창일 때는 한류 콘서트에 인파가 쇄도하고, 여성 관광객은 한국 드라마에 나왔던 현장을 찾아 돌아다녔다. 이것도 옛날에는 생각도 못했던 일이다.

일본은 이제 됐다? - 실은 부모 세대보다 후퇴

한국 경제는 크게 발전했다. 관광객도 대폭 늘었다. 하지만 '그러니까 대일 관계는 이제 됐다', '특별히 신경 쓰지 않아도 된다'라고 생각하는 것은 큰 착각이다. 그것은 외교 포기에 가깝다.

외모가 비슷하다고 해도, 받은 교육이나 가치관에 큰 차이가 있으며, 서로에게 예절이나 매너가 필요하다. 교류가 늘고 저항감이 줄었기 때문에 오히려 의식적인 노력을 소홀히 하고 있다. 그것이 이 책에서 전하고 싶었던 포인트의 하나다. 일본 측의 우려에 비해 한국은 너무나 위기감이 부족하다.

한·일 매체 간의 간담회 자리에서, 축구 한·일전에서 보인 한국 선수의 '독도 세리머니'에 대해 일본 측이 지적했다. 한국의 신문사 간부는 "고작 스포츠다. 촉각을 곤두세울 문제가 아니다"라고 반론했고, 이에 대한 재반론도 있었다. 나는 이것이 '일본을 상대로는 무엇을 해도 그만이다. 하고 싶은 대로 하자. 국제 상식에 어긋나더라도 허용된다'라는 식의 최근 경향이 응축된 결과라고 본다.

우동도 유카타도 좋다. 걱정하지 않는다. 우리들은 부모 세대와 달리 여유가 있고 마음이 넓다. 그러니 일본도 한국이 무엇을 하든 신경 쓰지 말라는 것일까. '역사를 직시하지 않는다, 사죄하지 않는다, 제국주의의 망령이다' 등 어떤 말을 듣더라도 '일본은 입 다물고 있어라', 그러다 무슨 말이라도 하면 '우경화다, 역사 경시다'라고 할 것인가.

김대중 시대의, 거시적인 안목으로 일본을 공정하게 보던 한국. 열린 마음으로 당당하던 모습은 그 후 빛이 바래버렸다. 한국에서 무슨 일이 일어난 것일까.

이 30년간 눈부신 발전으로 국력이 증대함에 따라 '이제 예전의 한국과 다르다. 국제 감각이 발달하여 균형을 잘 잡고 있다', '다문화 시대의 우리로서는 일본이라는 문제는 거뜬히 극복했다', '국내 보수·진보의 대립은 심각해도, 외교는 잘하고 있다'라는 과신 때문에 국제사회를 보는 눈이 둔감해지고 후퇴한 것은 아닐까. 오히려 부모 세대보다 균형감각을 잃어 틀에 박힌 사고가 되고, '공기'나 '국민 정서'에 맡긴 채 표류하고 있는 것은 아닐까. 한국 외교에 슬슬 궤도 수정이 필요한 것은 아닐까.

한국 외교의 약점은 이웃나라에 대한 인식

이 책에서는 중국도 중요시했다. 한국에는 중국에 대해 '과대시'와 '과소시'가 있다는 것을 지적했다. 거대한 몸집의 중국이지만 상당히 심각한 국내 제약이 많고, 세계에서 비판도 받으며 외줄타기 식의 아슬아슬한 국가 운영을 하고 있다. 한국 쪽에서 의견을 말하면 중국을 움직일 수 있는데도, 한국은 수동적으로 대처하고 있다(과대시). 한편 중국에는 내셔널리즘을 자제하며, 중국과 일본의 관계 악화는 자신들에게도 원인이 있다고 당당하게 말하는 합리적이고 지적인 사람들이 있다. 한국은 이러한 장점이나 사실을 알아채지 못하고 있다(과소시). 그리고 일본이 무언가를 지적하면 한국은 "아니, 오랜 세월 관계가 깊은데. 중국은 누구보다 우리가 잘 안다"라며 펄쩍 뛴다.

지금은 한·중·일 3개국 모두 서로의 거리를 파악 못 하고 있다. 일본이 오랫동안 '아시아의 후지산(압도적인 톱)'이던 후, 대두하는 한국과 중국에 추격당하고 있다. 중국은 급성장하는 가운데 심각한 국내 문제가 산적해 있고, 강경책으로 기울면서 외교에서 시행착오를 거듭하고 있다. 한국은 고도성장 다음 단계로의 이행기로, 사회 문제의 스트레스가 강하고, 외교는 때때로 공기, 정서에 좌우되곤 한다.

한·중·일 모두 이웃나라 이해에 문제가 있지만, 이웃나라를 가장 파악하지 못하는 것은 한국이 아닐까 싶다. 중국은 고양감과 함께, '아직 뒤떨어져 있다'라는 셀프 이미지가 작동한다. 문화대혁명이나 천안문 사건처럼 '한 발만 잘못 디뎠다가는 하늘이 무너진다'라는 위기감이 있어서, 건전한 자기 성찰성 움직임도 있다. 한국에는 이 위기감이 사반세기 전에는 있었지만 지금은 없다. 일본은 전후 '반(反)민족' 정서, 일본이 나쁘다고 말하는 것이 지적(知的)이라는 진보적인 정서가 (다소 과잉이다 싶을 만큼) 강했다. 역사에서도 아시아를 비롯해 다른 사람의 고통을 이해할 수 있는 사회로 성숙해 왔다. 한국에는 이것이 없다.

한국은 중국이나 일본에 대해 '우리가 세계에서 제일 잘 안다'는 양 생각하겠지만, 실은 잘 모른다.

이것이 한국의 걸림돌이며 함정이다. '이웃나라에 대한 이해가 부족한 점'을 인식하고 개선하는 것이 한국 외교의 기초 다지기에 필요할 것이다. 15~16년 전 한국에서 다음과 같은 말을 들었다.

- "한국은 이제 미국이나 일본의 지원이 필요한 국가는 아니다. 자신의 발로 일어설 수 있으며, 자긍심이 있다. 과거의 역사를 이러니저러니 하며 일본을 언제까지고 탓하는 어린애 같은 나라가 아니다."

- "일본과의 관계는 '선과 악'. 상당히 합리적인 사람조차도 일본에 대해서는 합리적일 필요가 없다고 한다." "'반일'하는 것이 '애국'이라고 생각하는 사고방식을 과감히 떨쳐버리자."

21세기 초만 해도 많은 일본인들이 '크게 신장하고 있는 한국은 일본관이나 민족주의에 대한 문제를 극복할 것'이라고 생각했다. 하지만 그렇게 되지 않았다.

1980년대에는 일본이 한국에 대한 이해가 충분하지 않던 시절인데도, "일본 외교에 있어서 한국은 매우 중요하고 아시아에서는 중국과 똑같이 중요하다", "아니, 중국보다 한국이지. 믿음직한 나라이니까. 미국 다음은 한국이다"라는 사람이 많았다. 한국에 대한 이해가 대폭 늘어난 지금은 "중국보다 한국"이라고 하는 사람은 찾기 힘들 것이다. "베트남, 인도네시아, 필리핀, 호주, 인도 등이 더 중요하다"라고 하는 목소리가 많아진 듯하다. 나 개인으로서는 한국의 중요성이 부활하기를 기대한다.

희망은 있을까? - 우리들의 한 걸음에 달렸다(루쉰)

중국 근대문학의 아버지, 루쉰의 단편소설 《고향》은 일본의 중학교 국어교과서에도 실려 있는데, 마지막 문장이 특히 잘 알려져 있다.

'희망은 처음부터 있었다고도 할 수 없으며, 처음부터 없었다고도 할 수 없다. 그것은 지상의 길 같은 것이다. 원래 지상에는 길이 없었다. 다니는 사람이 많아지면서 길이 생긴다.'

차분한 용기가 솟는 이 말이 중학생 시절부터 나는 좋았다.

2014년 8월 한국을 떠날 때, 지인들에게 보내는 인사장에 이 부분을 인용했다. 앞으로 한·일 관계에 희망은 있을까? 이것이 답이다. 희망이 있나 없나를 논한다 해도 그다지 의미는 없다. 희망을 향해 걸어가는 사람이 많아진다면 길(희망)은 생긴다. 걸어가는 사람이 지금은 너무 적다고도 썼다. 이 내용을 보도해준 신문도 있었다.

지금의 문제는 한·중·일 3국에 걸친 구조적인 것이다. '이제는 잘 알고 있다', '상대방에게 신경 쓰지 않아도 좋다', '어쩔 수 없다, 내버려 두자'라는 지금의 분위기는 오히려 반대 방향이다. 풍족한 사회가 되어도 외국은 외국. 사고방식이나 가치관에 차이가 크다. '하고 싶은 대로 하겠다'는 생각은 가장 파괴적이다. 한·일 양국이 의식적으로 꾸준한 노력을 거듭하지 않으면 개선할 수 없을 것이다. 정부도 매체도 정치인도 기업인도 학생도.

한·일 관계 그 자체가 목적이라기보다 한·일 각국의 이익(안보나 경제)이 목적이며, 거기에는 지금 이상으로 양국의 신뢰와 강한 연대가 필요하다.

나는 멀리 중동에서 일본에 대해 두루두루 표하는 경의를 피부로 느끼고 있으며, 또한 역동적인 한국 비즈니스의 존재감에 대해서도 알고 있다. 세계에서 주목받고 있는 양국이 언제까지 이렇게 티격태격하지 말고, 하루 속히 관계를 개선해 세계에 공헌할 수 있기를 바란다.

한국에 대해 '쓴소리'를 좀 했다. 참고가 되거나 도움이 될까.

2007년 가을, '베이징올림픽의 주인공은 누구인가?'라는 나의 기고가 중국의 유력 잡지에 게재되었다.

"올림픽의 주인공은 자기들이라고 중국은 착각하고 있는 것은 아닐까. 그렇다면 금메달을 아무리 많이 따더라도 중국은 세계에서 환영받지 못할 것이다. 주인공은 각국의 선수들이다. 그들이 실력을 충분히 발휘할 수 있도록 해주고, 또 미국, 한국, 일본 등의 국민도 자국의 선수를 큰소리로 응원할 수 있는 환경을 만들어주는 것이 중국의 역할이다.”

이듬해, 올림픽이 끝나고 나서 어떤 사람이 내게 귀띔해주었다. “그 기고가 당시 베이징 시 간부들에게 회람되었답니다. 좋은 조언이었습니다. 감사합니다”라고. 한국은 어떨까. 중국처럼 플러스로 활용될 것인가.

역사란 후세의 학자나 역사가의 손에 맡겨지는 것만이 아니다. 또 특출하게 위대한 사람이 쌓아가는 것도 아니다. 우리들 일반인이 이마에 땀을 흘리며 조금씩 만들어가는 것이다. 몇천 명, 몇만 명의 한 걸음 한 걸음이 길이 되는 것이다.

벳쇼 고로 주한대사(2016년 6월부터 주유엔대사)가 말했다. “10년 전의 일이 지금은 일종의 역사. 오늘도 10년 후에는 역사가 된다. 우리 모두 매일매일 노력해 조금이라도 나은 역사를 만들어가자. 그것이 후세에 대한 책임이다.”

그렇다. 50년 전 한·일회담 때도, 17년 전의 ‘문화 개방’ 때도 ‘공기’, ‘민족 정서’는 있었다. 지금보다 강했을 것이다. 하지만 거기에 휩쓸리지 않고 착실하게 길을 닦으며 앞서간 사람들이 한국이나 일본 모두에 많았다.

자기중심, 독선으로 흐르려는 여지는 어느 나라에나 있다. 그 분위기에 손쉽게 넘어갈 것인가, 엄정한 지적에 귀를 기울이며 스스로 궤도

수정을 할 것인가. 여기에 나라의 부침이 걸려 있을 것이다. 한·중·일은 그 경쟁을 하는지도 모른다.

　'산 넘어 산'이라는 말처럼, 발전한 나라에는 다시 험한 길이 기다리고 있다. 힘들어도 노력을 거듭하지 않으면 좋아지지 않는다. 다음으로 전진할 수 있을지 어떨지는 우리 같은 보통사람이 작은 한 걸음을 내딛느냐 마느냐에 달렸다.

부록

한국
근무 시절을
회상하며
— 매체에 기고했던 글들

다음은 한국 근무 시절, 여러 매체에 기고했던 글들이다.
내가 한국에서 생활하면서 겪은 소소한 경험담도 있고, 일본 공사
로서 한국의 문제에 대해 직언한 것도 있다. 본 책의 주제와 큰 상
관이 없는 글들도 있지만 독자 여러분들과 함께 나누고 싶다. 가벼
운 마음으로 읽어주셨으면 한다.

한국에 돌아왔습니다

안국동의 이 길을 13년 전에도 27년 전에도 걸었다는 사실이 그저 신기하기만 하다. 그때의 나는 지금의 나인가, 또 다른 나인가. 지하철 2호선을 타니 옛날 생각이 난다. "신문, 백 원이오!" 하고 외치던 소년에게 자주 신문을 샀다. 신촌에서는 "가방 좀 봅시다"라며 가방 점검을 받기도 했다. 그들은 지금 다 잘들 지내고 있을까. 아니, 발전하는 한국은 바쁘다. 외국인의 감상 따위는 상관없을 것이다.

사람들은 말한다. "중국 공사에 이어서 한국 공사를 맡는 사람은 드물지요. 일본이 그만큼 한국을 중시한다는 뜻이 아니겠어요?"라고. 내 인사 이동의 배경은 잘 모르지만, 아무튼 한국에 다시 돌아와서 기쁘다. 한류 팬인 아내도 기뻐한다.

동일본 지진 때 보여준 많은 분들의 지원과 후의에 진심으로 감사드린다. 2008년 쓰촨성 지진 때는 베이징에 근무하고 있었다. 천재지변은 자연의 위압적인 힘 앞에서 인간이 얼마나 작고 무력한 존재인가를 여실히 보여준다. 그러나 때로는 인간성의 위대함도 동시에 드러난다. 어렵고 힘든 가운데서도 사회질서를 묵묵히 지키는 사람들, 자신의 희생을 무릅쓰고 외국인 사원을 피신시킨 회사 간부, 국적을 초월한 지원….

지난번에는 정치 담당이었는데, 이번에는 공보문화 담당이다. 외무성 선배가 말한다.

"두 나라 관계를 규정하는 최대 요인은 과연 무엇인가. 4~5개월이라면 정치, 4~5년이라면 경제, 하지만 50년, 100년이라면 문화다."

정치 현안에서는 간혹 대립각을 세우며 긴장감이 고조되기도 하지만, 그래도 두 나라 사이를 견실하게 받쳐주는 건 경제다. 일상생활에서 외국 제품을 꾸준히 사용하며, 먹기도 타기도 한다. 그러나 더 장기적으로 그 나라의 평가를 좌우하는 요소는 문화. 예술이나 문학뿐만이 아니고 그 나라 사람들의 생활 모습에서 매력이나 친근감을 느끼는 나라를 평가하게 된다.

15년 전에는 "한국 영화는 재미있어요, 노래도 아주 좋아요"라고 해도, 일본 사람들은 별로 귀담아 듣지 않았다. 하지만 지금은 한국과 아무런 인연이 없는 사람들도 한국의 예능계 사정에 나보다 훨씬 밝다. "잘된 일이야"라고 말은 그렇게 하지만, 나만의 보석 상자를 다른 사람에게 들킨 것 같은 기분이 없지 않다.

여러분의 가르침과 지원에 힘입어, 한·일 간의 상호 이해를 돈독히 하고 싶습니다. 많은 격려와 성원을 부탁드립니다!

— 〈일본의 새 소식〉, 2011년 9월호

한국, 일본, 중국의 58년생 개띠들

"58년생 개띠입니다" 하고 말하면 웃음 띤 얼굴이 되돌아온다. 한국의 58년 개띠는 베이비붐 세대. 초등학교 때는 오전반, 오후반으로 나뉘어 학급당 70명… 치열한 경쟁을 거쳤다고 한다. 시골은 전기가 들어오지 않는 곳도 있던, 배고픔을 아는 마지막 세대다. 청소년기 들어 살림살이가 눈에 띄게 나아졌고, 30세에 서울올림픽, 산업화와 민주화를 경험, 정치·경제 양면에서 급속한 국가 발전을 실감했다. IMF 위기와 2008년 경제위기는 40세, 50세의 이들을 직격했다. 자녀 취업 문제로 머리가 아프고, 자신도 떠밀려 은퇴할 나이가 다가오고 있다.

한편 나와 같은 일본의 58년생은 베이비붐 세대가 아니다. 태어나기 전 고도 경제성장이 시작됐고, 문화도 세계의 평가를 받고 있었다. 철들기 전 도쿄 올림픽, 신칸센 개통… 이어서 자유세계 제2의 경제대국. 여유 없는 집도 애들의 생일 파티를 열어줘 초등학교 시절 나는 매달 케이크를 먹다시피 했다. 풍요로운 개인의 삶을 구가하는 '정치 무관심' 학생이었다. 인생의 전반기는 한국과 아주 달랐다. 1980년대에는 미국이 '전쟁에서 이긴 일본한테 졌다'며 분해할 정도의 기세였다. 그후 저성장(선진국에서는 보통이지만)이다가 최근 모처럼 호전될 조짐이 보인다.

그런데 중국의 58년생은 또 다르다. 가난뿐만 아니라 굶주림을 기억하고 있다. 초등학교 때 문화대혁명의 혼란이 시작되어 학문과 문화는 파괴 또는 백안시당했다. 삿대질하며 남을 비난하는 어른들의 연설을 보며 자랐다. 시골에서 노동에 종사하는 '하방(下放)' 때문에 고등교육을 받지 못했다. 1978년 덩샤오핑의 지시로 입시가 부활해 실력만 있으면 일류 대학에 진학할 길이 열렸다. 이 뉴스를 듣고 감격했던 것이 58년생이다.

78년 말 '개혁·개방' 결정으로 중국의 경제 발전이 시작되었는데, 그 모델은 일본이었다. 문화 면에서도 억 단위의 중국인이 일본 영화와 드라마에 열중했다. 50세에 베이징올림픽이 열렸다. 문화대혁명 같은 혼란에 대한 혐오감이 강하며 "국제사회에서 중국에 대한 평가는 아직 낮다. 실제로 결점도 많다"고 말하는 '열린 눈'의 냉철한 엘리트가 적지 않다.

"어릴 적의 내 얼굴을 모른다", "유치원 때 사진을 45년 만에 보며 누가 누군지 다들 몰랐다"는 58년생 중국인 친구가 이렇게 고생한 사실에 나는 말을 잃었지만, 실은 한국 58년생의 '오전·오후반'과 '전기가 들어오지 않았다'는 것도 충격이었다. 같은 나이에도 매우 다른 인생길을 걸어왔고, 그것을 서로 모른다.

물론 일본을 깊이 이해하는 중국인도 적지 않다. 중·일 관계의 걸림돌은 무엇이냐는 여론조사에서 '우리 중국인의 내셔널리즘과 반일 감정'이란 답이 21퍼센트였다. 이 자기 비판력을 나는 중국의 장점으로 높이 평가한다. "일본 관계는 아주 중요하다. 빨리 회복시키지 않으면 중국에 큰 손해다"라는 말도 들린다.

우리 이웃나라의 동 세대는, 인생도 가치관도 국가관도 다르다. 한편으로 자녀의 취업과 자기 생의 한 매듭을 짓는 시기, 인생에 관해 같은 감회도 있으리라. 모르는 게 많은 삶을 이제라도 서로 알고 상호 이해의 길이 열렸으면 하는 간절한 바람이다. 다시없이 소중한 인생, 상하(上下)란 없다. 고생 속에도 보람이 있고, 안정 속에는 많은 감격이 있었을 것이다. 모든 58년생에게 행복이 있기를!

— 〈조선일보〉, 2013. 6. 19

행복한 유학

서울에서의 유학은 행복했다. 감기로 학교를 쉬고 있는데, 친구가 하숙집으로 전화를 걸어왔다.

"미치가미 씨, 어찌된 일입니까? 교수님께서 '미치가미 씨가 애인한테 차이기라도 해서 몸져누운 게 아닌가' 하고 걱정하셨답니다."

뒤이어 들리는 웃음소리. 하지만 1985년 서울대학교 외교학과 대학원의 교수가 일개 외국인 유학생의 결석에 신경을 쓰고 걱정해 준 일은 사실이다.

하숙집에는 모두 나보다 나이 어린 한국 학생들. 나를 '형'이라 부르는 그들과 탁구를 치거나 설악산으로 등산을 다니곤 했다. 신촌 하숙집에는 때때로 데모 진압용 최루가스가 흘러들기도 했다.

함께 세미나를 하던 친구들은 저녁식사 자리에 각자 자기의 '그녀'들을 데려오곤 했다. 시대적 상황이던 정치나 데모, 눈앞에 닥친 군 입대, 그리고 학문. 이 세 가지 틈바구니에 끼인 청춘의 고민을 풀어놓던 그들이, 내게는 '그녀'가 없기도 해서인지 눈부시게 보였다. 훗날 국무총리가 된 노재봉 교수와의 회식 자리에서 "선생님, 그 부분을 잘 모르겠어요. 설명 좀 해주세요"라며 적극적으로 질문하는 학생도 있었다. 전화를 걸어준 학생, 교수에게 과감하게 질문을 던지던 학생, 두 사람 모두 서울의 명문대 교수가 되었다.

그 후 미국에서 1년간 유학생활을 했는데 외국 유학생은 빗자루로 쓸어 담을 만큼 흔해서, 수업에 빠진다고 누구 하나 전화 걸어주는 일 같은 건 없었다. 서울에서처럼 두터운 정을 느낄 만한 교류 없이, 담담하게 공부에만 매진하는 나날이었다. 하버드의 아시아 유학생 중엔 한국인과 일본인이 많았고, 대만 이외의 중국인은 당시에는 아직 드물었다.

유학생활을 하다 보면 자기 나라의 잣대로는 통하지 않는 불유쾌한 일들을 많이 겪는다. 자기 나라에서는 우등생이었더라도 외국에서는 비참한 성적을 받는다. 대체로 말이 자유롭지 않다 보니 매일 크고 작은 창피를 당한다. 어쩌면 이런 일에 유학의 가치가 있는지도 모른다. 세계의 앞서가는 문물을 접하고 국내에서는 알 수 없는 외국 사정을 피부로 느끼며 실감하는 것이다.

동서고금의 뛰어난 정치가, 예술가, 문학자, 관료, 군인, 비즈니스맨 가운데는 외국 유학 경험자가 많다. 간디와 케네디 대통령은 영국에, 이승만 대통령과 안창호는 미국에 유학했다. 모차르트는 유학 정도가 아니라 어릴 때부터 여러 나라를 돌아다니며 다양한 음악을 섭렵했다. 셰익스피어 작품 《햄릿》에서, 덴마크의 왕자 햄릿이 아버지의 죽음을 안 것은 유학지인 독일에서였다. 일본도 옛날부터 중국에 '견당사(遣唐使)' 등을 파견했고, 명치시대 이후로는 서양 여러 나라에 유학생을 보내 정치, 법률, 문화, 기술 등의 기반을 닦았다.

나라 시대의 견당 유학생 아베노 나카마로는 당나라 현종 때 관직에

등용되기도 했다. 당시 이백이나 왕유가 그의 인품을 칭송한 시가 현존하고 있다. 9세기, 일본의 고승 엔닌은 중국으로 건너가 여러 계층의 사람들과 교류했다. 유학 겸 중국의 여러 곳을 돌아다니며, 앞서 중국에 와 있던 한국인 승려의 도움도 많이 받았다.

11세기의 〈하마마쓰 주나곤 모노가타리(浜松中納言物語)〉는 중국에 유학했던 일본 귀족의 국제 연애소설이다. "일본과 다르다. 중국 여성은 교제를 청하는 남자에게 '싫다, 좋다'를 분명히 말하기 때문에 마음을 이해하기 쉽다"는 등, 오늘날에도 통하는 관찰을 엿볼 수 있다.

중국에도 일본 유학 경험자가 상당수 있다. 2007년 원자바오 총리가 일본 국회에서 연설했다.

"중국 민주주의 혁명의 선구자인 쑨원 선생의 혁명 활동은 많은 일본인 친구들의 지지와 지원을 받았습니다. 저우언라이 선생, 루쉰 선생, 궈모뤄 선생 같은 선배들도 일본에서 유학생활을 하며, 일본 국민과 깊은 우정을 나눴습니다."

중국 근대문학의 아버지인 루쉰은 7년 반 동안 일본에 체류하여 일본어가 유창했다. 유학 중에 루쉰은 적극적으로 일본인과 같은 방식으로 생활하려고 했다. 일본 옷인 하카마를 입고, 게다를 신고 밤거리의 가게들을 구경하며 돌아다니기도 했다. 루쉰의 자전적 단편소설 《후지노 선생》은 센다이의 도호쿠대학 의학부 재학 시절의 은사에 관한 이야기다.

루쉰은 수업 중에 필기한 노트를 후지노 선생에게 제출했다가 돌려

받고는 매우 놀란다.

"나는 깜짝 놀랐다. 동시에 어떤 종류의 곤혹감과 감격이 한꺼번에 엄습했다. 내 노트는 처음부터 끝까지 빨간색으로 첨삭돼 있었고, 여기저기 빠트린 부분이 꼼꼼히 채워져 있을 뿐 아니라, 문법이 잘못된 부분은 일일이 바르게 고쳐져 있었다. (중략) 그는 누구보다 나를 감동시켰으며, 나를 격려해준 사람이다."

"후지노 선생의 사진은 지금도 벽에 걸려 있다. 선생의 얼굴에 눈길을 주면 양심이 눈을 뜨고 용기가 샘솟는다."

일본에서 세계의 과학, 사상, 정치, 문학을 널리 흡수한 경험이 후일 루쉰의 활동 기반이 되었다. 그는 명치시대의 소설가 나쓰메 소세키를 존경하여, 소세키가 예전에 살았던 집에서 한동안 친구와 함께 기거하기도 했다. 나쓰메 소세키도 런던 유학 시절의 은사(개인교수였던 윌리엄 크레이그)의 이야기를 《크레이그 선생》이라는 작품으로 남겼다. 베이징의 루쉰 박물관에는 그의 마지막 필적이 된 메모가 남아 있다. 말년에 죽음의 자리에서 일본인 의사 앞으로 일본어로 쓴 짧막한 메모가 당당히 전시돼 있는 것이다.

루쉰과 대비해서 생각나는 인물은 춘원 이광수로, 그도 일본 유학생이다. 젊은 시절의 작품에는 나라를 빼앗긴 아픔이 곳곳에 드러나 있다. 나중에는 친일파로 비판받기도 했지만, 그의 작품 《무정》은 한국 근대문학의 효시가 되었으며, 젊은 시절 김일성도 만주에서 그가 쓴 《개척자》를 읽었다고 한다.

20세기 초 도쿄에는 1만 명이나 되는 중국 유학생이 있었다. '중국 혁명동맹회'는 1905년 도쿄에서 결성되었다. 중국 공산당 창당을 이루어낸 두 명의 지도자, 천두슈와 리다자오 모두 일본 유학생이었다.

저우언라이는 일본에 1년 반가량 머물렀다. 스스로 학업이 지진부진하던 것을 한탄하는가 하면(세 군데 학교에서 불합격), 한편으로는 도쿄의 여기저기를 돌아다니던 모습이 일기에서 엿보인다. 마오쩌둥도 일본 유학을 희망하여 일본어 초보를 배운 적이 있다고 일본의 정치인에게 말하기도 했다. 나는 일본으로 유학을 떠나는 중국 학생들에게 "21세기의 루쉰, 저우언라이가 돼라"라고 격려하곤 한다.

사람은 자신의 모습을 스스로는 잘 보지 못하고 거울이나 카메라 같은 도구가 필요하다. 밖으로 나와서 보아야 비로소 자기 나라의 문제점이 보인다. 국내에서의 감각이나 상식만으로는 비즈니스가 원만히 풀리지 않는다. 일본에서 한국으로의 유학이나 어학연수는 내가 유학하던 시절과는 비교가 되지 않을 정도로 늘었다. 그러나 외국에 대한 동경이나 유학 열기가 약해진 것은 근래 일본의 근본적인 문제다.

일본은 환경 문제나 저출산, 고령화 같은 복지 문제에 있어서는 아시아에서 가장 먼저 연구에 착수한 터이므로, 앞으로 많은 참고가 될 것이다. 도쿄를 비롯한 대부분 지역에서의 생활도 대학의 수업도 지진 전과 다름없이 순조롭다. 학문 지도는 엄격하지만, 문화나 생활은 매력적이다. 일본으로 유학을 외주기를 진심으로 바란다.

　— 〈일본의 새 소식〉, 2012년 1월호

"피자 나오셨습니다"- 말은 재미있다

연세대 한국어학당에는 여러 나라 사람이 있었지만 한국어 공부에
는 일본인이 역시 유리했다. 야구 중계에서 '4번 타자', '유격수', '삼구
삼진'은 막 배우기 시작한 나도 금방 이해가 돼 기뻤다. 배우지도 않은
단어를 알아들을 수 있다니 처음 느끼는 쾌감이다. 사전을 찾으며 악
전고투하던 서양말과는 달랐다. 그래도 첫 석 달간은 고생도 있었다.
"저는 한국에 온 지 얼마 안 돼 말을 잘 못합니다"까지는 술술 나온다.
'뭐야, 잘하면서' 하고 상대가 좍 이야기하는 순간부터 먹통이다. 어떤
친구는 겸손하게 "별말씀 다 하십니다"라고 한다는 것이 "별말씀 다
하십시오"라고 해서 화제가 되기도 했다. 한국에 대한 나의 관심은 말
에서 비롯됐다.

'이슬비 내리는 이른 아침'은 말이 몸속으로 스며들고, 소리 내어 말
하면 그 정경 안에 있는 느낌이다. '~해 본다'는 눈으로 보는 것이 아
닌 데도 '본다'고 한다. 조사 '가, 이'와 '는, 은'의 구분. '급커브', '명콤
비', '페인트칠', '○○킬러' 등 외래어와 합쳐 쓰는 낱말. 한·일의 언어
감각은 비슷한 점이 적잖다. 한자는 자유자재, 종횡무진인지라 '인구에
회자되다', '불구대천의 원수'란 말을 쓰며 의기양양했던 시절도 있다.
혀도 잘 안 돌아가는 주제에 '유식한 말'을 하는 일본인 곁에서 당혹스
럽지는 않았을까.

그 후 베이징에서 근무하게 되자 중국어를 배웠는데, 한국어 쪽이 훨씬 공부하기 쉬웠다. 그런데 중국에는 일본어에 밝은 분이 많아 이런 우스갯소리를 들려줬다. 일본에서 택시를 탄 중국인. '毎度ご乘車有難うございます(늘 승차해 주셔서 감사합니다)'는 글귀가 눈에 띄었다. 일본어를 못 하는지라 한자만 눈에 확 들어왔다. '有難'은 '재난이 있다, 사고가 일어난다'는 뜻. '탈 때마다 사고가 있다니, 어쩌다 이런 차를!' 하며 내내 진땀을 흘렸다고 한다. 또 문화행사에 참석한 중국 요인이 식순에 적힌 '○○회장 挨拶'에 펄쩍 놀랐다. '挨拶'는 원래 손가락을 비트는 형벌. '일본까지 와서 고문을 당하다니' 싶어 눈앞이 캄캄했다. 한데 가만 보니 일본인도 '挨拶(あいさつ : 서로 만났을 때 주고받는 인사)'를 하고, 장내에는 웃음이 흐르고 있어 뭔지 알았다고.

한자는 중국 것이지만 근대 초에 일본인이 서구의 개념을 한자로 표현한 많은 단어가 중국에 전파·보급됐다. '과학', '민주', '혁명', '사회주의', '철학', '간부', '긍정·부정', '주관·객관' 등의 기본 어휘들이 일본제 한자라는 사실이 중국 논문이나 책에 자주 나온다.

처음 한국에 온 1984년 이후 사회도 패션도 눈부시게 변했지만 말에도 변화가 있었던 모양이다. 먹거리 등 '물건'에 경어를 붙이는 음식점이 많아졌다. "피자 나오셨습니다." "화장실요? 나가서 오른쪽에 있으세요." 군이 호의적으로 보면 손님에 대한 존경으로 이렇게 말하는 것이리라. 하지만 한국 사람에게 물어봐도 잘못된 표현이라는 답이다. '외국인이 뭐라는 게야? 다들 그렇게 말하는데' 하고 뜨악한 표정을 짓는 젊은이도 있겠지만 말이다. 80년대 길거리나 버스에서 모르는 젊은 여성을 '아가씨' 하고 불렀는데, 요즘은 줄었다. 남자 어르신들이 '어이, 처녀'라고 부르는 것도 여러 번 들었다. 젊은 여선생님이 얼굴을 붉히며 "처녀라니, 어째서 그런 말을 큰소리로 하나 몰라. 정말!" 하고 불만스레 얘기하던 기억이 난다. 음식점 여종업원의 경우 전에는 '아줌마'라 불렀으나 지금은 '이모'라고도 한다. 일본도 그렇지만 '아줌마'란 호칭을 싫어하는 여성들이 늘면서 친근감이 드는 '이모'가 된 걸까. '고모'가 아닌 점도 흥미롭다. 왠지 알 것 같은 느낌이다.

놀랄 만큼 닮은 점이 있는가 하면, 또 상당히 다르다. 말의 재미와 발견은 끝이 없다. 마지막으로 한자 공부에 더 힘을 쏟도록 제안하고 싶다. 그것 하나로 한·중·일의 의사소통이 많이 촉진될 것인데 어떨까.

— 〈중앙선데이〉, 2012. 4. 22

노벨상 배출하는 사회 풍토

일본 야마나카 신야 박사가 노벨 생리의학상 수상자로 선정되었다. 의료와 신약 개발에 큰 지평을 연 발견을 인정해 2008년 물리학상 3명과 화학상 1명, 2010년 물리학상 2명에 이어 2년 만의 일본인 노벨상 수상이다. 이로써 일본인 노벨상 수상자는 모두 19명이며 문학상과 평화상을 제외한 16명이 이공계다.

필자는 외무성 국제과학협력실장 시절 수상자와 많은 연구자들에게서 과학 정신에 대한 이야기를 들었다. 과학은 진리의 탐구로 복잡 무수한 사상(事象)에서 본질만을 추출해 속임수 없이 핵심 문제를 직시하는 진지한 자세가 요구된다. 철저하게 자유로운 연구 풍토도 필요하다. 은사도 선배도 학벌도 없이 가차 없는 토론과 비판을 통한 보편적 진리를 향한 지칠 줄 모르는 도전이다. 진리를 위해 권위와 싸운 갈릴레오나 다윈처럼 말이다.

야마나카 박사는 최근 업적을 평가받았지만, 30~50년 전 성과를 평가받는 사람도 있다. 개인적 명예나 기업·국가적 손익 계산을 초월한 인류를 위한 헌신적인 기초 연구다.

2009년까지 필자는 베이징에서 근무했다. 칭화대와 베이징대를 비롯한 중국 학생들이 맹렬하게 공부하는 자세는 일본과 한국 이상으로, 미국 일류대 이공계 대학원에 중국 학생이 많은 것에서도 드러난다.

그러나 '중국 대학에 우수한 비즈니스맨은 넘쳐나지만 참 연구자는 없다. 낡은 보스(boss) 지배가 활개치고 있다'는 통렬한 신문 기사를 본 적이 있다. 이런 자기비판이 있다는 것 자체는 건전하지만, 그때그때 유행인 연구 테마에 달려들어 쉬운 대로 데이터를 짜깁기해서는 과학 기반이 강하다고 할 수 없다. 본인이 깊고 꾸준하게 연구하고 능력을 갖추었기에 받는 노벨상이지만, 한국에 참고가 되었으면 하는 것은 일본 연구계의 넓은 저변과 다양성이다. 이공계 수상자 16명 중 도쿄대가 4명, 교토대가 6명. 2002년 이후는 홋카이도대, 도호쿠대, 나고야대, 고베대 등 전통 있는 지방대에서 수상자가 속속 나오고 있다. 수도권 이외 대학 기반이 아주 강한 것이 일본의 특징이다.

2002년 화학상 수상자인 다나카 고이치 씨는 학부 졸업 후 줄곧 민간 기업에서 일한 기술자로 박사 학위도 없다. 대학뿐만이 아니라 대기업, 중견·중소기업도 다양한 연구를 추진하고 있다. 다양한 사람들이 다양한 분야를 다양한 방식으로 연구하고 있다.

야마나카 박사는 고교 때는 유도부와 노래 동아리에서 활약했고, 대학 입시 전날에도 럭비를 했다. 또 마라톤 풀코스를 몇 차례나 완주했다. 유머와 비즈니스 감각도 있다. 도쿄대·교토대 등 최고 학벌도 아니며, 정형외과에서 수술을 잘하지 못해서 연구자로 전환했으나 그마저 벽에 부닥쳐 고민했다. '인간만사 새옹지마'가 마음의 버팀목이었다고 한다. 좌절을 모르는 초엘리트만 성공하는 것이 아니라는 용기를 나 같은 평범한 사람도 갖게 해준다.

일본인의 한 사람으로서 이번 수상은 기쁘지만 일본도 과제가 많다. '산업과 연구 간 연계가 약하다', '외국 유학 희망자가 줄었다'는 점 등이다. 미국은 각국 두뇌들이 모여들어 자연스럽게 절차탁마(切磋琢磨)할 수 있는 혜택 받은 환경이 있다. 한국은 미국 유학생이 일본보다 훨씬 많다는 장점이 있다. 중·고등 학생의 강한 경쟁심, 박사 학위 취득 의욕이 강한 것도 일본 이상이다.

눈앞의 이익이나 지위가 아니라 사후에 비로소 인정받는다 해도 원이 없다는 착실한 진리 추구, 기초 연구를 통해 인류에 헌신하겠다는 각오, 이를 귀히 여기는 사회 풍토만 함께한다면 한국에서 노벨상 수상자가 나오는 날도 멀지 않을 것이다.

— 〈매일경제〉, 2012. 10. 10

주 : 그 후 일본은 2014년에 물리학상(2명), 2015년에 물리학상(1명), 생물·의학상(1명) 등에서 노벨상을 수상했다.

'우리'라는 울타리를 넘어서

8월 이후 한·일 양국 간의 파고 속에 미국 지식인의 비판이 떠올랐다. 1986년, 일본 경제의 최호황기에 "일본이란 울타리 안에서 일본인끼리 얘기해도 파문이 외부로 번질 수 있다는 것을 빨리 깨달아야 한다"라고 했다. 미국이 일본의 성공 비결을 연구하던 때로, "예전의 일본은 미국에 더 심한 말을 했다. 다만 일본이 별 볼 일 없을 때라 신경쓰지 않았을 뿐"이라고도 했다.

이에 자못 불쾌함을 느낀 나는 국제관계의 현실이란 이런 것인가 생각했었다. 하나 적어도 처음의 지적은 맞다. 국내에서는 '다들 그렇게 생각하는' 것이 외국에는 통하지 않거나 오히려 반발을 초래할 수도 있다. 바깥과도 통하는 합리적 설명이 필요하다. 이는 양보가 아니라 진보다. 같은 해 필자가 유학 중이던 서울대 강의시간에 들은 한 노교수의 말씀도 떠오른다. "우리는 일본을 잘 안다고 생각하기 쉽지만 그렇지 않다. 다른 나라 사람들이 일본을 더 잘 아는 경우도 있다. 우리는 일본을 잘 모른다는 데서 시작하자."

12년 전, 한국 청년한테서 편지를 받은 일이 있다. "한국인은 한·일 관계를 '선과 악'의 관계로 본다. 상당히 합리적인 주위 어른도 일본을 상대로는 비합리적이어도 괜찮다고 한다. 독도가 한국 영토임은 수학 공리처럼 자명해 검증이란 발상조차 불순하다고 한다. 이것이 대한민국의 현실이다."

　오랜만에 다시 온 한국은 국제사회에서의 활약이 눈부신데, 일본에 대한 자세에는 새 발상이 싹튼 것 같기도 하고 큰 진전이 없는 것 같기도 하다. "중국에 대해서는 외교 의례를 중시하며, 일본한테는 하고 싶은 대로 하는 것인가. 중국이 한국을 우습게 보는 이유다", "어느 나라나 일본의 저력을 평가하는데 한국만 일본을 과소평가한다"는 지식인도 있다.

　섬 문제를 한국 입장에서 다루면서도 '샌프란시스코 강화조약, 이승만 라인 등 간단한 쟁점이 아니다'란 논문을 봤다. 입장 차이는 있을지언정 일본이 한국에 바라는 것은 객관적으로 파고드는 이런 냉정한 자세다.

　한편, 위의 노교수나 청년이 지적한 경향도 여전하다. 일본 정부는 역사를 외면하고, 반성하지 않고, 위안부 문제에 대해 아무런 대처도 안 해왔다는 사람도 있다. 그러나 사실 그대로를 봐주기 바란다. '식민지 지배와 침략으로… 다대한 손해와 고통을 주었다', '통절한 반성의 뜻… 진심으로 사죄의 마음'. 1995년의 이 총리 담화가 일본 정부의 일관된 입장이다. 위안부였던 분들에게도 역대 총리가 사죄와 반성을 표명했다.

　섬 문제를 두고 한국과 다른 입장을 주장하는 것 자체가 제국주의적 침략성이고 역사 반성의 결여라고 비난하는 것은 양심적인 일본인에게도 메시지가 되지 못할 것이다. 소박한 '한류 팬'이나 한국을 매우 중시하는 많은 일본인들이 놀라거나 실망하고 있다.

국가 간의 입장 대립은 있게 마련이라 합리적·건설적·평화적인 논의가 긴요하며, 여기에는 용기와 자기비판력이 필요하다. 사회 통념이나 '국민 정서'에 반하더라도 사실을 직시하는 것이 진정한 애국이며, 이는 상대를 움직이는 힘이 되기도 한다. '열린 마음, 사실 그대로', '경의와 예의'는 국제 이해와 우호 교류의 기본이다.

일본도 많은 갈등과 고통을 극복하고 위와 같은 역사 인식에 이르렀다. 물론 일본에도 과제는 남아 있다. '우리'라는 좁은 울타리를 넘어선 곳에 더 큰 성장의 길이 있음은 일본도 한국도 마찬가지다. 한·일 양국 모두가 겸허히 사실을 직시하고, 감정적인 언동을 자제하며, 합리적 논의를 대폭 늘려 연대협력을 강화해 나갔으면 한다.

— 〈한겨레신문〉, 2012. 9. 24

한국인만 모르는 일본과 중국

초판 1쇄 2016년 7월 29일
　　5쇄 2019년 9월 3일

지은이 　ㅣ 미치가미 히사시

발행인 　ㅣ 이상언
제작총괄 ㅣ 이정아
편집장 　ㅣ 조한별

발행처 　ㅣ 중앙일보플러스(주)
주소 　　ㅣ (04517) 서울시 중구 통일로 86 4층
등록 　　ㅣ 2008년 1월 25일 제2014-000178호
판매 　　ㅣ 1588-0950
홈페이지 ㅣ jbooks.joins.com
페이스북 ㅣ www.facebook.com/hellojbooks

ⓒ 미치가미 히사시, 2016

ISBN 978-89-278-0785-8　03340

중앙북스는 중앙일보플러스(주)의 단행본 출판 브랜드입니다.